KB140900

혼나는 힘

상처받지 말고 성장하라
혼나는 힘

초판 1쇄 인쇄 2015년 2월 16일
초판 1쇄 발행 2015년 2월 25일

원저 아가와 사와코
편저 류랑도
번역 오화영
펴낸이 유정연

책임편집 장지연
기획편집 김세원 최창욱 김소영 **전자책** 이정 **디자인** 신묘정 이애리
마케팅 이유섭 최현준 **제작** 임정호 **경영지원** 박승남

펴낸곳 흐름출판 **출판등록** 제313-2003-199호(2003년 5월 28일)
주소 서울시 마포구 동교로 134, 3층 (서교동 464-41)
전화 (02)325-4944 **팩스** (02)325-4945 **이메일** book@hbooks.co.kr
홈페이지 http://www.nwmedia.co.kr 블로그 blog.naver.com/nextwave7
출력·인쇄·제본 (주)현문 **용지** 월드페이퍼(주) **후가공** (주)이지앤비(특허 제10-1081185호)

ISBN 978-89-6596-143-7 03320

• 흐름출판은 독자 여러분의 투고를 기다리고 있습니다. 원고가 있으신 분은 book@hbooks.co.kr로
  간단한 개요와 취지, 연락처 등을 보내주세요. 머뭇거리지 말고 문을 두드리세요.
• 파손된 책은 구입하신 서점에서 교환해 드리며 책값은 뒤표지에 있습니다.

이 도서의 국립중앙도서관 출판시도서목록(CIP)은 e-CIP홈페이지(http://www.nl.go.kr/ecip)와 국가자료공동목록시스템
(http://www.nl.go.kr/kolisnet)에서 이용하실 수 있습니다. (CIP제어번호 : CIP2015003836)

살아가는 힘이 되는 책 흐름출판은 막히지 않고 두루 소통하는 삶의 이치를 책 속에 담겠습니다.

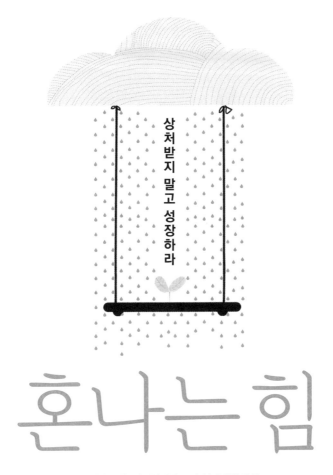

상처받지 말고 성장하라

혼나는 힘

아가와 사와코 원저 | 류랑도 편저 | 오화영 번역

흐름출판

혼나는 시간에 우리는 성장한다

우리는 인생을 살아가면서 생각보다 많은 시간을 혼나고 혼내는 일에 사용한다. 학창시절에는 부모님과 선생님께, 조직에서는 리더나 선배에게 주로 혼이 나는데 이러한 시간을 가치 있게 사용하는 사람들은 그리 많지 않다. 서로가 성장할 수 있는 시간이라는 생각보다 서로에게 상처를 주는 시간이라고 생각하기 때문이다. 그래서 대부분의 사람은 혼나거나 혼내야 하는 순간이 생기면 불편함을 느끼고 될 수 있으면 피하려고만 한다.

그렇다면 이토록 서로 불편한 '혼나는 시간'이 왜 필요한 것일까. 그리고 혼나는 시간이 서로에게 도움이 되려면 어떠한 노력ㅠ이 필요할까. 그 답이 이 책에 모두 담겨 있다. 저자가 가정과 사회에서 직접 경험한 이야기와 취재해 온 수많은 사람들의 사례를 통해, 일본과 우리가 과거 보수적이고 엄격한 환경에서 점차 개방적이고 자유로운 환경으로 변하는 과정에서 같은 성장통을 겪고 있음을 확인했다.

가부장적인 문화가 뿌리 깊은 일본과 한국은 1990년대까지만 하더라도 다른 나라에 비해 남성들이 권위적인 편이었다. 어렸을 때는 저자처럼, 호랑이 같은 아버지의 불호령에 말대꾸 한번 못하고, 직장에 들어가서는 군대문화가 더해진 수직적 직장문화에서 혼魂이 나갈 정도로 혼나 본 사람들이 꽤 많았다. 그러다가 퇴근할 때쯤, 선배가 후배를 불러서 술 한잔 하며 낮에 있었던 일들을 달래주고는 했다.

그러나 이제는 수평적인 사회 분위기로 시대가 확연하게 바뀌었다. 가정, 학교, 직장에서 엄격하게 혼나면서 자라 온 기성세대들에 비해 혼나거나 야단맞은 경험이 적고 비교적 자유롭게 자라 온 지금 세대들은 서로 혼나고 혼내는 일에 익숙지 않은 것 같다. 서로가 어떻게 자라왔는지 어떤 경험을 했는지 이해하지 못하기 때문에 서툰 방법으로 소통하거나, 정작 혼내야 하는 순간인데 타이밍을 놓쳐서 혼내지 못하거나, 혼을 나도 왜 혼이 나고 있는지 이해를 못 하는 것이다.

그런 의미에서, 나는 저자를 《듣는 힘》에 이어 《혼나는 힘》으로 다시 만날 수 있게 되어 매우 반갑게 생각한 독자 중의 한 명이다. 그녀는 이 시대를 살아가는 사람들의 고민을 잘 알고 있다. 저자는 오늘날 잘 소통하기 위한 하나의 중요한 방법으로 잘 혼나고 잘 혼내기 위한 노하우를 자신의 경험에 빗대어 쉽게 설명한다. 예를 들면, 후배를 스마트하게 혼내는 규칙이나 일곱 가지 조건들을 알려주기도 하고, 자신이 오십이 훨씬 넘은 나이에도 타인의 훈계나 조언에 귀를 기울이는 방법을 골프 이야기를 통해 말하기도 한다. 그 속에서 자신이 어떻게 성장할 수 있었는지, 이러한 경험들이 어째서 중요한 커뮤니케이션이 될 수 있는지를 소개한다. 여기에 나의 조직생활 경험과 수많은 코칭을 바탕으로 한국의 직장 생활에서 유용하게 쓰일 수 있는 제대로 혼나는 법과 혼내는 법을 정리하여, 필요한 꼭지 끝에 본문과 다른 디자인으로 보충하는 글을 더했다.

우리가 명심해야 할 점은, 혼나거나 혼내는 자리가 과거의 잘못을 벌하거나 누군가를 매섭게 징계하고 상처 주기 위한 시간으로 악용되어서는 안 된다는 것이다. 어떠한 문제가 부정적인 결과를 초래하였는지, 그리고 그 문제가 반복되지 않으려면 어떻게 해야 하는지를 혼나는 사람 스스로 깨닫게 하고 생각과 행동의 틀을 깨기 위한 코칭의 시간이 되도록 해야 한다. 즉, 그 시간을 서로에게 가치 있는 소통의 장으로 활용할 수 있어야 한다는 것이다. 혼나는 시간은 자신의 성장을 위한 소중한 가르침의 시간이고, 혼내는 시간은 후배를 동기 유발하는 시간이라는 사실을 숙지해야 한다.

안타깝게도 사회에서 직원들은 리더가 권위적이라고 생각하고, 리더는 직원들이 자신을 존중하지 않는다고 생각한다. 서로 고객이 되어 주어야 하는데 참 쉽지 않다. 고객은 자신이 만족시켜야 할 첫 번째 대상이다. 따라서 서로가 원하는 것이 충족되지 않으면 지속적인 가치교환이 힘들어진다. 직원들은 혼나는 원인이 자신에게 있으며 그로 인해 리더가 어떤 고충이 있는지 헤아리지 못하고, 리더는 욱하는 마음에 직원이 왜 그러한 행동을 했는지 궁금해하지 않고 자기 할 말만 하는 악순환이 되풀이되는 것이다.

그동안 조직에서 좋지 않은 감정으로 이루어진 혼나고 혼내는 시간을 앞으로는 생산적이고 즐겁게 보내길 바라는 마음으로 저자의 글에 나의 글을 일부 보탰었다. 특히 혼나는 일도 많고 곧 혼낼 일도 많아질 사회초년생들과 조직의 팀원들에게 큰 도움이 되길 바란다.

― 안국동에서 류 랑 도

전작 《듣는 힘》이 예상을 훨씬 뛰어넘는 큰 인기를 얻었다. 이 책을 구입해 준 독자 여러분에게 다시 한 번 감사의 마음을 전한다. 지금까지 책을 쓰면서 이 정도로 증쇄를 거듭한 적이 없기 때문에 책이 많이 팔린 이유에 대해 질문을 받아도 마땅히 할 대답이 없다. 만약 그 비결을 알았다면 분명 다른 책들도 많이 팔렸을 테니. 소설이나 에세이뿐 아니라 영화나 음악, 연극도 아주 특출한 전략가가 아닌 이상, 만든 이 본인조차 왜 히트를 쳤는지 잘 알지 못한다. 사실《듣는 힘》을 내가 어떤 의도로 적었는지 집필 당시에는 막연했다. 이에 대해 취재를 받을 때면 꼭 따라오는 질문이 하나 있었다.

"이 책에서 가장 전하고 싶었던 내용은 무엇인가요?"

나는 특별히 인터뷰 노하우를 담은 책을 쓸 생각이 아니었다. 오래 알고 지낸 편집자가 어느 날 책을 내 보지 않겠냐고 제안해 왔다.

"20년간 〈주간문춘週刊文春〉에서 대담 칼럼을 연재하고 있으니 그만큼 다양한 에피소드가 있지 않겠어요? 그걸 한번 엮어 봅시다."

나는 그의 제안을 가벼운 마음으로 받아들였을 뿐이다. 그런데《듣는 힘》이 출간된 지 얼마 안 됐을 무렵, TV 아침 방송에서 내 책이 거론되었다. 나는 집에서 그 프로그램을 지켜보고 있었다. 왜 이 책이 베스트셀러가 됐는지 출연자들이 제각각 의견을 내놓는 사이, 한 작가가 이런 말을 했다.

"요즘 커뮤니케이션 능력을 키우기 위한 책들이 쏟아져 나오고 있습니다. 그러나 대부분 자신의 의견이나 감정을 상대방에게 전달하기 위한 발신력에 초점을 맞추고 있어요. 이런 가운데《듣는 힘》은 발신력이 아니라 수신력에 관해 이야기하고 있습니다. 자신의 마음을 비우고 오직 상대의 말을 수신하는 자세 또한 커뮤니케이션 능력 중 하나이지 않을까요?"

소파에 누워 멍하니 화면을 바라보던 나는 눈이 번쩍 떠졌다. 그렇구나! 그런 책이었구나.

남이 무심코 내뱉은 말로 자신의 행동이나 발언, 일의 진의를 깨칠 때가 종종 있다.

나는 지금껏 인터뷰하면서 겪었던 성공담, 실패담을 하나둘씩 떠올리며 작업했을 뿐인데, 그 이야기들이 한 권으로 모여 '수신력'에 관한 책으로 평가되었다. 인터뷰에서 가장 중요한 것은 결국 상대의 말을 수신하는 자세라는 사실을 새삼 깨달았다.

수신력이 커뮤니케이션의 중요한 방법 중 하나라고는 하지만 왜 많은 사람들이 지금 이 내용에 공감하는 것일까. 왜 이토록 많은 사람들이 상대방 이야기에 귀 기울이고 그 마음을 헤아리는 데 고심하는 것일까.

갑자기 다른 이야기지만 나는 사남매 중 둘째로 오빠 한 명과 남동생 두 명이 있다. 바로 밑 남동생은 내가 여덟 살 때 태어났고 막내는 내가 대학에 입학한 봄에 태어났다. 당연히 누나인 나는 어릴 때부터 동생들을 돌보고 보살폈다. 기저귀를 갈고 엉덩이를 씻겨 주며 분유를 타 먹인 후 등을 토닥토닥 두드려 트림을 시켰다. 잠투정이 심할 때는 등에 업고 "이제 굴뚝 아저씨도 코 잔대. 까마귀들도 바이바이. 구급차도 바이바이." 하고 어르며 서서히 동생의 눈꺼풀이 감기기를 기다렸다. 어릴 때부터 육아를 도운 덕에 이다음에 내가 아이를 낳으면 틀림없이 유능한 엄마가 될 거라 자부했을 정도다.

그런데 성인이 된 후 "아가씨 막내죠?" 혹은 "아가씨 무남독녀예요?"라는 말을 귀가 따갑도록 들었다. 난 발끈하며 부정했다. 책도 읽어 주고 따끔하게 야단도 치면서 남동생들을 열심히 보살펴 왔던 나다. 그리고 무서운 아버지 밑에서 "여자는 부엌에서 어머니 일을 도와라."라는 말을 들으며 무엇 하나 내 마음대로 하지 못하며 자랐다. 그런데 내가 왜 마치 '엄청 사랑받고 자랐죠? 하고 싶은 일은 전부 해 봤을 것 같아요.'라는 눈빛을 받아야 하는 걸까. 무척 불만스러웠다. 그러자 어느 날 한 지인이 내게 이런 말을 했다.

"바로 밑 남동생이 태어나기 전까지는 막내였잖아요. 그 8년 동안 쌓인 막내 기질이 남아 있겠죠."

나는 고개를 끄덕이고 말았다. 생각해 보니 나는 대체로 여덟 살까지 자유롭게 자랐다. 물론 무서운 아버지에게 야단맞아 자주 울곤 했지만, 나의 보호막이 되어 주던 온화한 어머니와 두 살 위 오빠 뒤에 숨어 위기에서 벗어날 수 있었다. 오빠의 보호 아래 해가 질 때까지 밖에서 뛰어 놀고, 길도 나지 않은 수풀을 헤치며 모험을 즐겼다. 벌레나 풀꽃, 진흙을 갖고 장난치며 공상을 즐기는 하루하루를 보냈다. 아무래도 그때의 순수했던 기억이 이 나이가 돼서도 빠져나가지 못한 모양이다.

'여덟 살까지 막내' 이론을 들은 후 내가 왜 장녀 기질이 부족한지 조금씩 깨닫게 되었다. 과보호를 받은 기억이 없는데도 의존심이 강하고, 성급하며 겁이 많고 자기중심적인 성격(대부분 아버지에게 전해 받은 유전)은 8년 사이 충분히 여물었던 것이다.

이렇게 남에게 듣거나 다른 사람과 이야기하면서 자신의 성격, 성장 과정, 습관 등이 정리될 때가 있다. 나 역시 오랫동안 인터뷰하면서 이런 경우를 종종 목격했다.

"말하다 보니 좋아하는 건 예나 지금이나 변함이 없네요."

영화감독이자 극본가인 미타니 코키일본 최고의 스타 작가. 대표작으로 〈웰컴 미스터 맥도날드〉, 〈멋진 악몽〉 등이 있음 씨, 그의 거의 모든 영화에서 미술감독을 맡은 다네다 요헤이〈훌라걸스〉, 〈하나와 앨리스〉 등 일본 영화에서뿐만 아니라 쿠엔틴 타란티노 감독의 〈킬 빌〉에서도 미술감독을 맡음 씨, 영화감독인 고레에다 히로카즈배두나 주연의 〈공기인형〉을 연출했으며, 〈그렇게 아버지가 된다〉로 2013년 칸영화제 심사위원상을 수상 씨도 자신의 초등학교 시절 에피소드를 이야기하면서 했던 비슷한 말들이 인상적이었다. 미타니 씨는 어릴 때 어머니 앞에서 자신이 직접 만든 이야기와 인형으로 공연하는 것이 그렇게 즐거울 수 없었다고 한다. 다네다 씨도 어린 시절 극장에서 영화를 보고 집으로 돌아와 도화지에 재현한 후 종이인형을 만들어 노는 것이 무척 신 났었다고 한다. 이 사실을 부모님과 친구들에게는 비밀로 했다고 하는데 어린 시절 흥분했던

기억이 현재 직업으로 이어졌으니 참 부럽다. 또 고레에다 씨의 초등
학교 때 담임 선생님은 수업 시간에 책을 읽어준 다음, 반 친구들 이
름을 넣은 뒷이야기를 즉석에서 만들어 오르간 연주와 함께 들려주
었다고 한다. 미지의 세계지만 반 친구들이 등장하는 순간 장면은 생
동감 있게 흘러갔다. 이야기에 점점 살이 붙는 모습을 본 소년 고레
에다는 이야기 만드는 매력에 푹 빠져, 선생님이 만든 이야기에 자신
이 등장하지 않은 날에는 집에 돌아오자마자 자신의 역할을 추가해
새로운 이야기를 완성했다.

"생각해 보면 그때 내 맘대로 이야기를 만들며 놀던 게 지금 영화
제작 일로 이어진 것 같아요."

이런 '근사한 이야기'를 내 인터뷰 실력만으로 끄집어낸 것은 아니
다. 분명 인터뷰하기 전부터 본인 스스로 어렴풋이 깨닫고 있었을 테
다. 그러나 상대방 앞에서 이야기하는 사이 '아, 그러고 보니 그게 내
출발점이었구나', '역시 내 성향은 이랬지' 하고 평소 느끼던 사실을
다시 한 번 확인하게 된다.

보통 인터뷰하는 입장인 나도 《듣는 힘》을 출간하고 나서는 반대
입장이 되어 다양한 잡지와 방송에서 인터뷰를 받았다. 앞서 말했듯
이 "이 책을 쓰게 된 동기는 무엇인가요?", "인터뷰에서 가장 중요한

점은 무엇인가요?" 등 평소 진지하게 생각해 본 적 없는 질문들이 잇달아 날아왔다. 그리고 대답을 찾으면서 깨달았다. 생각해 보니 인터뷰할 때 내가 가장 중요하게 생각한 것은 바로 상대방의 기분이었다. 인터뷰이가 기분 나빠하거나 잔뜩 화가 나 돌아가는 일이 없도록 신경을 곤두세웠다. 그렇기 때문에 인터뷰이의 기분에 최대한 공감하려고 노력했다. 결국 '상대방 이야기에 귀 기울이기'였던 셈이다. 이런 깨달음은 타인의 코멘트를 듣거나 다른 사람에게 질문 받지 않으면 깨우치지 못할 감각이다.

게다가 《듣는 힘》에 관해 취재를 받으면서 새로운 의문과 관심이 잇달아 생겼다. '이 시대의 젊은이들은 이런 일 때문에 고민하고 있구나', '직장에서는 이런 일이 벌어지고 있구나', '왜 이런 일로 의기소침해져야 하는 거지.' 나는 다양한 미디어의 취재를 받으면서 이따금 거꾸로 질문을 던지고 싶어졌다. 그리고 지금까지 알지 못했던 이 시대를 살아가는 사람들의 마음속이 조금씩 보이기 시작했다. 모두들 두려워 보였다. 모르는 사람을, 친구를, 상사를, 부하 직원을, 가족을. 얼굴을 마주보는 것을 피하고, 대화를 나누는 일을 어색해하며, 이야기 듣는 일을 망설이고, 너무 가까워지는 일을 경계하며, 상처받지 않도록 단단히 무장하지만, 혼자가 되는 일에는 마음속 깊이 공포를 느끼고 있었다. 마치 몸을 숨긴 작은 동물이 조그마한 구멍으로 조심스레 밖을 보며 주뼛주뼛 바깥세상과 접하고 있는 모양새다. '왜 이런 사태가 벌어진 걸까', '정말로 이런 세상이 되어 버린 것일까', '나는 어떨까', '예전의 나는 어땠을까.' 만약 '아무도 인간관계 따위 두려워하지 않는다.'라는 의견이 대부분이라면 《듣는 힘》이 많은 사람의 공감을 얻지 못했을 것이다.

그래서 묻어가기식 작전을 노린 것은 아니지만(이라고 딱 잘라 말하지는 못하지만), 이 책에서는 《듣는 힘》에서 파생된 새로운 의문점을 유명 인사뿐 아니라 그때그때 만난 다양한 상황의 사람들에게 물었다. 모두들 다른 사람과 사귈 때 어떻게 하고 있는지, 때로는 술 한잔 기울이며 취재한 내용과 고민을 나 나름대로 해석하면서 차근차근 풀어보려고 한다. 그러면 슬슬 시작해 보자.

1장
혼내는 용기

2장
줄기차게 혼나 온 아가와 60년 역사

3장
혼나는 각오

1장

혼내는
용기

혼나는 함

멋있는 부분을
칭찬의 말로
바꾼다

다양한 취재를 받던 중, 한 여성지에서 '서투른 인간관계 극복하기'
라는 특집에 코멘트를 의뢰했다.

"요즘 이십 대와 삼십 대 초반 여성 가운데 낯을 가리는 사람들이
부쩍 늘었어요. 다른 사람과 만나는 일에 긴장하고, 상사나 업무관계
자와 의사소통하는 일이 힘들다며 하소연하는 사람이 많아요. 어떻
게 하면 낯가림을 극복할 수 있을까요?"

순간 딱히 대답이 떠오르지 않은 나는 내 경험담이나 지금껏 썩 괜찮다고 믿으며 실천하고 있는 방법, 지인에게 들은 쓸 만한 방법 등을 머릿속에서 이리저리 끄집어내 편집자에게 말하기 시작했다.

30여 년 전 방송 일을 막 시작했을 무렵, 나는 그 방송의 보스 격이었던 해설자가 너무 무서워 내게 괜한 불똥이 튀진 않을까 눈도 마주치지 않은 채 도망 다니기 바빴다. 옆을 지나기만 해도 호통이 떨어질까 봐 근처에 가는 일도 가급적 피했다. 그러자 어느 날 그 방송의 아나운서였던 선배가 나를 불렀다.

"내일부턴 방송이 끝난 후에도 보스 옆에 앉도록 해. 용건이 있건 없건 계속 옆에 앉아 있어."

무서운 사람 근처는 용건이 있다 한들 가기 싫은 법이건만 할 말이 없는데도 옆에 있으라니 가혹한 이야기가 아닐 수 없었다. 그래도 선배의 명령이니 따를 수밖에. 나는 다음 날부터 심야 생방송이 끝나면 스태프 룸으로 돌아가 쭈뼛쭈뼛 보스 옆에 앉아 차를 달라고 하면 차를 타고, 맥주잔이 비면 채워 주면서 그의 신문기자 시절 이야기나 중동전쟁 역사 등 귀에 잘 들어오지 않는 이야기에 집중하려고 애썼다. 귀를 기울인다고 이해되는 것은 아니었지만 알아들은 척 하면서 중간 중간 고개를 끄덕이기도 했다. 그러자 놀랍게도 보스가 이야기 도중 나를 보며 "그렇지?" 하고 동의를 구하는 것이 아닌가. 가슴이 철렁한 것을 들키지 않게 어색한 웃음을 지은 나와 달리, 그때의 보스 얼굴은 어딘지 모르게 온화해 보였다. 생방송 직전 미간에 잔뜩 주름진 무서운 얼굴과는 확연히 달랐다. 그리고 얼마 지난 후부터는 출출하니 우동이라도 한 그릇 먹고 가자며 나를 챙겨 주기 시작했다. 놀라운 일이었다. 애당초 내가 그를 피한 이유는 단지 무서워서라기보다 그가 분명 날 싫어할 거라고 생각했기 때문이었다. 어쩌면 나를 그렇게 싫어하지 않을 수도 있다고 생각하는 순간, 그에 대한 공포심이 사그라졌다.

솔직히 이 방법은 먼저 실천하고 싶은 커뮤니케이션 방법은 아닐지 모른다. 나 역시 불편하고 어딘지 정이 안 가는 사람에게는 지금도 굳이 가까이 가고 싶은 마음이 들지 않기 때문이다. 그러나 그런 불편한 사람과 매일 의견을 나누고 협력하지 않으면 일을 제대로 할수 없는 상황이라면 마음을 굳게 먹는 수밖에 없다. 좋아하는 타입의 사람은 일단 제쳐 두고 우선 가장 불편한 사람 옆으로 다가가자. 그러다 보면 뜻밖에도 생각했던 것만큼 심술궂지 않거나 의외로 상냥한 면이 있음을 발견할지 모른다. 또한 지금까지 절대로 친해질 수없는 타입이라고 생각했던 사람에게 다소나마 공감을 느낄 수도 있다. '불편하고 싫다.'라는 선입관이 '사실은 그렇지 않다.'는 마음으로 바뀌는 순간이란 예상외로 즐거운 법이다. 게다가 하루하루가 훨씬 편해지기까지 한다. 이 에피소드를 마치자 편집자가 다음 질문을 던졌다.

"그렇게 불편한 사람은 아니지만 얘기를 시작할 계기를 만들지 못하는 경우도 있잖아요. 그럴 땐 어떻게 하면 좋을까요?"

한참 생각하다가 예전 어느 베테랑 편집자의 이야기를 들려주었다. 그녀는 일을 무척 잘하는 실력 있는 여성이었다. 오랫동안 열심히 일한 덕분에 좋은 성과를 거두었고 작가로도 기용되어 사내에서 평가도 높았다. 그러나 본인에게는 아무리 노력해도 중년의 아저씨 상사들과 편하게 지내기 어렵다는 고민이 있었다. 그러던 어느 날 젊은 여성 편집자가 입사했다. 그런데 놀랍게도 신입 편집자는 자신이 어렵게만 느끼는 아저씨 상사들과 순식간에 친해져 웃고 떠드는 것이 아닌가. 어떻게 저리도 쉽게 아저씨들의 마음을 사로잡을 수 있을까. 특별히 유혹하는 몸짓이나 코맹맹이 애교를 보이는 것도 아니었다. 고민 끝에 그녀는 신입 편집자를 불러 어떻게 아저씨들과 사이좋게 지낼 수 있는지 물어보았다.

"간단해요. 칭찬하면 되는 걸요."

신입 편집자는 태연한 표정으로 대답했다.

"칭찬하다니? 뭘?"

"뭐든지 상관없어요. 넥타이도 좋고 구두나 시계, 원고 같은 것도 좋고요. '오늘 넥타이가 멋지네요.'라든지 '저번에 쓴 원고 참 재미있었어요.'라든지요."

베테랑 편집자는 한동안 아무 말도 하지 못했다. 그렇게 간단한 방법이었다니. 자신이 지금까지 해 온 노력은 대체 무엇이었단 말인가. 일을 똑 부러지게 하는 것이야말로 상사의 마음을 사로잡는 비결이라고 철석같이 믿으며 열심히 일해 왔다. 그런데 중년의 상사들은 고작 넥타이 칭찬에 마음을 활짝 연 것이다.

억울할 수도 있지만 사람은 원래 사소한 칭찬에 약한 법이다. 혼나면 혼날수록 의욕이 생긴다고 호기롭게 말하는 남성도 더러 있지만 그런 사람도 "역시 자네야, 대단한데!"라는 칭찬을 들으면 우쭐해지기 마련이다.

칭찬하는 방법도 다양하다. 억지로 하는 칭찬은 아부처럼 들릴 뿐 아니라 스스로 거짓말을 하고 있다는 생각 때문에 상대방도 알아채고 만다. 자연스럽게 상대방의 옷차림이나 말, 행동을 유심히 관찰한 후 좋은 점을 발견해 칭찬의 말로 바꿔 보자. 간단한 칭찬만으로도 상대방과의 관계는 눈에 띄게 좋아질 수 있다. "칭찬하면 되는 걸요."라고 말한 그 젊은 신입 편집자처럼 말이다.

"전 낯을 가려요"는
응석이다

여성지 편집자와 인간관계 특집에 관해 이런저런 이야기를 나누는 사이, 한 가지 의문이 머릿속을 스쳤다. 20,30대 여성 중에 스스로 낯가림이 심하다고 생각하는 사람이 늘었다고? 나는 되받아쳤다.

"낯가림이라면 나도 심해요."

"에이, 무슨 말씀이세요. 이렇게 많은 사람을 인터뷰해 온 아가와 씨가 낯가림이 심하다니요."

어떻게 보일지 모르겠지만 사실 나는 인터뷰 시작 직전만 되면 집으로 도망가고 싶어진다. 오랫동안 나와 함께 일해 온 담당 편집자는 내가 인터뷰 직전만 되면 "아가와 사와코의 이 사람을 만나고 싶지 않다!"라고 외친다고 증언해 줄 것이다. 특별히 인터뷰이가 마음에 들지 않아서가 아니다. 그보다는 '인터뷰이와 성격이 맞지 않으면 어떡하지, 인터뷰가 매끄럽지 못하면 어떡하지, 인터뷰이가 갑자기 화를 내면 어떡하지, 결국 아무 재미도 없는 인터뷰로 끝나면 어떡하지?'와 같은 부정적 생각이 머릿속을 가득 채우면서, 할 수만 있다면 집으로 도망쳐 이불 속으로 숨고 싶은 충동이 일어난다. 그러나 일이니 당연히 그럴 순 없다. 그래서 나는 인터뷰에 들어가기 전에 마지막으로 마음을 다잡는다. '뒤로 물러설 수 없다. 마음을 단단히 먹자!'

내가 인터뷰 내내 시종일관 어두운 표정을 짓고 있다면 상대는 마음 편히 대답할 수 없다. 그래서 나는 억지로라도 기분을 띄워 인터뷰이를 보자마자 웃는 얼굴로 "안녕하세요! 처음 뵙겠습니다." 하고 밝게 인사하려 애쓴다. 물론 가슴은 조마조마하고 두근두근 떨린다. 그러나 떨리는 마음으로 하나둘씩 질문하는 사이 인터뷰이의 미소나 말에 이끌려 점차 내 마음도 편안해진다. 결국 인터뷰이가 돌아갈 때는 "정말 좋은 사람이지 않아요? 얘기도 엄청 재밌고, 역시 만나길 잘 했어요!" 하고 떠드는 통에 스태프들이 쓴웃음을 짓는 경우가 허다하다.

"그렇게 집에 가고 싶다는 둥, 만나기 싫다는 둥 우는 소리하더니!"

그러니까 나도 원래는 낯을 가리는 성격이란 얘기다. 그러나 그런 성격에 기대고 있을 수 없다. 언제든 아무 곳에서나 긴박한 상황이 덮쳐오기 때문에 "전 낯을 가려요."라고 여유 부릴 틈이 없다. 이런 연유로 나는 '전혀 낯을 가리지 않는 인간'으로 낙인 찍혀버린 셈이다.

사실 많은 사람들이 이런 상황을 경험해 봤을 것이다. 내심 불편하고 어색하지만 그 상황을 이겨내지 못하면 일을 제대로 할 수도, 끝낼 수도 없기 때문에 어떻게든 부끄러움을 극복하고자 자신을 다독이며 살아가는 것이다. 그런데 처음부터 "전 낯을 가려요."라고 선언하며 주위의 긍정을 얻으려는 태도는 도대체 어떻게 이해해야 할까.

"그건 응석이 아닐까요?"

나도 모르게 이렇게 내뱉고 말았다. 그러자 질문한 상대방의 입이 떡 하고 벌어졌다.

"아, 들고 보니 그러네요."

그녀는 처음 깨달았다는 듯 눈을 반짝였다. 사실 나도 확신이 있던 것은 아니다. 그러나 말을 뱉은 다음 곰곰이 생각해 보니 아무래도 그런 경향이 보였다. 극단적으로 말하자면 요즘 대다수의 사람들은 나이를 먹어도 '어른'이 되었다는 자각이 부족한 셈이다.

어릴 때는 낯가림을 내세워도 용서받을 수 있다. 어머니 뒤에 숨어 손님 얼굴을 뚫어지게 쳐다본다.

"어서 '안녕하세요.' 해야지."

어머니 재촉에 쭈뼛쭈뼛 기어들어가는 목소리로 인사를 한다.

"안녕하세요……."

"그래, 안녕. 이름이 뭐니? 몇 살?"

처음 보는 어른이 물어보지만 대답하고 싶지 않다.

"이름이 뭐냐고 물으시잖아."

엄마의 재촉에 마지못해 대답한다.

"아가와 사와코. 세 살."

검지와 중지 두 손가락을 들면서(사실은 세 손가락이어야 하지만) 작은 목소리로 대답한다.

생각해 보니 나에게도 이런 귀여운 시절이 있었다.

낯가림 전략

어린 시절에는 부모의 보살핌 아래 어느 정도 낯가림이 용인됐다. 그러나 성장하면서 언제까지나 그런 태도를 고수할 수는 없다. 초등학교, 중학교, 고등학교 등의 단체 생활을 시작하면서 처음 만난 사람과 대화하는 경험을 통해 자신에게 맞는 대화 스타일, 화제를 서서히 터득해 간다. 사회에 나가면 더욱 험난한 '미지의 세계'가 기다리고 있다. 그곳에는 자신을 지켜 주는 어머니가 더는 존재하지 않는다. 주어진 일을 스스로 처리하지 않으면 제대로 월급도 받을 수 없는 곳이다. 사회에서는 "낯을 가리는 성격이라 모르는 사람에게 전화하기 싫어요", "잘 알지도 못하는 사람과 얘기하는 건 질색이라 거래처에 못 가겠습니다"와 같은 투정이 결코 통하지 않는다. 자신이 하고 싶은 일만, 잘하는 일만 고집할 수 없는 세계다.

물론 불편한 마음은 누구에게나 있기 마련이다. 젊은 사람뿐 아니라 "20년간 영업을 뛰고 있지만 여전히 적성에 안 맞는 것 같아요." 하고 한숨을 내쉬는 중년의 회사원도 있다. 딱하기도 하고, 스트레스로 건강을 해칠 바엔 부서를 바꿔 보라고 말해주고 싶을 때도 많다. 한편 엄살을 부리며 동료나 선배에게 도움 받는 요령 좋은 사람도 있다. 나는 '여덟 살까지 막내 기질'로 보아 요령이 좋은 편은 아니지만 일단 엄살을 피는 타입이다. 솔직히 지금도 주변의 친절하고 마음씨 좋은 사람을 붙잡아 "어떡하죠! 뭐가 뭔지 모르겠어요."라고 징징대며 매달리거나, "도대체 이걸 왜 해야 하는 건지 모르겠어!" 하고 후배에게 투덜거릴 때가 많다. 그러나 아무리 투덜대든, 울며 매달리든 언젠가는 스스로 극복해야 한다는 사실은 익히 안다. 울며 불평하는 것은 각오를 정하기까지의 도움닫기인 셈이다.

결국 내가 말하고 싶은 내용은 정도의 차이는 있되 거의 모든 사람들이 속으로 '모르는 사람에게 굳이 싹싹하게 굴고 싶지 않다.'고 생각하면서도 '이건 일이다!' 하며 마음을 다 잡고 당당히 살아가고 있다는 것이다. 그런데 요즘은 만나자마자 대뜸 "전 낯을 가려요."라고 선언하는 사회초년생들이 많다고 한다.

과연 정말일까? 나는 여성지와의 인터뷰가 끝난 뒤 주변의 젊은 여성들에게 물어보았다.

"낯을 가리냐고 물어보면 거의 모든 여성이 '네.'라고 대답할 거예요. 낯을 가린다고 하는 편이 무난하다고 생각하니까요."

"낯을 가린다고 대답하면 여성스럽다고 생각해서가 아닐까요? 반대로 '난 전혀 낯을 가리지 않아요.'라고 하면 남성들이 실망하는 경향이 있거든요."

"여성들만의 얘기는 아니에요. 우스갯소리로 '분위기 못 읽네.'라고들 하잖아요. 요즘 사람들은 여럿이 모인 자리에서 자신이 분위기 파악 못하는 사람으로 몰리는 걸 두려워해요. 그래서 처음부터 낯을 가리는 성격이라고 말해 두면 한동안 조용히 있어도 적당히 넘어갈 수 있죠. 그동안 주위를 관찰하면서 자신이 나설 타이밍을 잴 수도 있고요."

또 친한 여성지 편집장은 이렇게 말했다.

"요새 젊은 사람들은 상처받고 싶지 않은 마음이 커서 그럴듯한 변명으로 '낯을 가려서 말주변이 없어요.'라고 말하는 거예요. 이른바 호신술 같은 셈이죠."

나는 무척 놀랐다. '낯가림' 선언 속에 그런 치밀한 전략이 숨어 있으리라고는 미처 생각지 못했다.

맨 처음
본성을 드러낸다

나는 젊을 때 사람을 처음 만나면서 '낯가림' 같은 일종의 호신술 따위를 생각해 본 적이 없다. 신중치 못하고 덤벙거리는 성격 탓일 수도 있지만 예컨대 맞선을 볼 때면 마음속으로 늘 이런 생각을 했다.

'아무리 내숭을 떨어도 조금만 얘기해 보면 금방 들통이 날 텐데. 결혼하고 나서 실망했다느니 속았다느니 하는 소릴 듣느니 처음부터 내 본모습을 보여 주자. 그게 바로 서로를 위한 거야. 맞선보고 난 후 '이런 칠칠치 못한 여자는 싫습니다' 하고 거절당하면 인연이 아니었다고 깨끗이 단념할 수 있지만, 결혼한 후에 '내가 속았지. 이런 덜렁대는 여자랑은 하루도 못 살아!'란 말을 들으면 정말 이러지도 저러지도 못하잖아.'

내 본성을 어느 정도(반은 속였을 테지만) 알아차린 후에도 "덤벙대긴 하지만 그 점이 더없이 사랑스러워. 사와코, 나랑 결혼해 줄래?" 하고 있는 그대로 사랑해 주길 바랐다. 이것이 바로 내가 원하는 결혼이었다.

이런 생각에 한참 젖어있을 때 맞선을 보게 되었다. 일단 첫 만남에서는 단아하고 우아한 원피스를 입고 요조숙녀처럼 행동했지만, 두 번째 만남에서는 내 신조를 밀어붙이기로 했다.

'그래! 얼른 나란 인간의 본성을 보여 주자.'

그래서 평소 즐겨 입는 코듀로이 바지에 스웨터를 입고 더플코트를 걸친 채 당당히 그 자리로 나갔다. 그러자 상대 남성이 물었다.

"치마와 바지 중 어느 쪽을 즐겨 입으세요?"

나는 태평하게 대답했다.

"바지를 더 자주 입어요."

"그럼 세련된 레스토랑과 캐주얼한 레스토랑 중에는 어느 쪽을 좋아하세요?"

나는 다시 태연하게 대답했다.

"캐주얼한 레스토랑이 당연히 더 좋죠!"

"휴일은 보통 뭐하고 보내세요?"

"잠이 많아서 대개 자요."

단도직입적인 질문에 솔직히 대답하고 나니 상쾌함마저 밀려왔다. 게다가 장기 해외 근무 때문에 당시 유행하는 가게를 모르던 상대를 위해 직접 레스토랑을 예약하는 등 여자지만 데이트 계획을 알아서 짜 갔다. 아무래도 그런 점이 남자의 자존심을 건드린 모양이었다. 그 사실을 눈치챈 것은 내가 안내한 캐주얼한 레스토랑에서 식사를 마칠 때쯤이었다. 좀처럼 대화가 이어지지 않았다. 그는 언짢은 기색이 역력했다. 그렇게 식사가 끝나고 차도 마시지 않은 채, 저녁 여덟 시쯤 혼자 터벅터벅 집으로 돌아왔다.

"어머, 빨리 들어왔네."

현관에 마중 나온 어머니의 말을 듣고 나도 내심 이상하다고 느꼈다. 아니나 다를까, 맞선을 주선해 준 아주머니가 곧바로 전화해 상대방 쪽에서 거절했다는 이야기를 전했다. 아무래도 그는 치마를 입은 여성을 좋아하고, 캐주얼한 레스토랑을 그다지 선호하지 않으며, 무엇보다 여성이 주도권을 잡는 것을 참지 못하는 타입인 듯했다.

'그러니까 역시 본모습을 너무 빨리 드러내지 말고 한동안 분위기를 파악한 다음 행동하란 말이죠? 그래서 첨부터 '전 낯을 가려요'라

고 말해 두는 게 좋다는 얘기잖아요.'

　결코 그런 뜻이 아니다. 취미와 생각이 다른 상대와 서로의 속내도 알지 못한 채 결혼했더라면 나는 지금쯤 불행의 구렁텅이 속이거나 진작 이혼했을 것이다. 그러나 저 맞선에서는 내 본모습을 너무 일찍 드러낸 것 같기도 하다.

사심으로
낯가림을 극복한다

수많은 맞선에도 불구하고 결실을 맺지는 못했지만, 애써 위로하자면 원래 낯가림이 심한 내가 처음 본 사람들을 만나 지금껏 인터뷰할 수 있었던 것은 '맞선'이라는 형태의 예행연습을 많이 한 덕분이라고 할 수 있다.

돌이켜 보면 "처음 뵙겠습니다."라는 인사를 얼마나 반복했는지 모른다. 맞선 상대뿐 아니라 그의 부모님과 중매인에게도 고개를 숙이며 인사를 하고 생긋 미소를 띠며 슬며시 상대 남성을 관찰했다. 동시에 맹렬한 속도로 머리를 회전시켜 분위기를 띄울 화제를 찾았다. 왜 그렇게 낯선 사람을 많이 만났냐 하면 결혼하고 싶은 마음이 간절했기 때문이다. 수없이 도전하면 언젠가 반드시 성공하리라. 목표물은 오로지 한 명. 앞으로의 인생과 경력을 위해 인맥을 넓히려는 야망 따윈 없었다. 오직 한 명의 멋진 남자를 만나 사랑에 빠져 결혼하고 싶었다. 아마도 그런 마음으로 낯가림을 극복하지 않았나 싶다. 즉 '낯가림'보다 '사심'이 앞선 셈이었다.

낯가림을 완전히 극복한 것은 아니지만, 맞선에서의 '사심'과 '경험치'로 어느 정도 '마음을 다잡는 힘'을 키울 수 있었다. 지금도 인터뷰할 때면 떨리고 두근거리지만 예전의 '결혼하고 싶다.'는 사심 대신 '칭찬받고 싶다', '상대에게 잘 보이고 싶다', '상대방이나 고용주에게 혼나고 싶지 않다', '월급이 필요하다'와 같은 동기부여를 하고 있는 것이다.

사람의 행동에는 많든 적든 사심이 있기 마련이다. 이성에게 잘 보이고 싶은 마음도 낯가림을 극복하는 데 많은 도움을 준다. 그런 면에서 옛날 남자들은 필사적이었다. 휴대전화가 없던 시절, 좋아하는 여성에게 전화하기 위해서는 상당한 각오가 필요했다.

"여보세요, 히라오 씨 댁인가요?"

"그렇소만."

큰맘 먹고 전화를 걸지만 전화기 너머로 중년 남성의 못마땅한 목소리가 들려온다. 의심의 여지없이 그녀의 아버지다.

"저기, 마루코 씨 있나요?"

"누구신가요?"

"아, 저는 마루코 씨와 같은 대학에 다니는 마쓰이라고 합니다."

"그런데요?"

대화는 점점 험악한 분위기로 흐른다. 그러나 여기서 포기한다면 사랑스런 마루코와 통화할 수 없다. 마쓰이는 용기를 낸다.

"내일 심리학 수업 때문에 전할 말이 있어서 전화했습니다."

"마루코는 지금 집에 없소. 대신 전해 주리까?"

"아, 그러면 이따가 다시 걸겠습니다. 실례했습니다."

수화기를 내려놓은 후에도 퉁명스러운 아버지의 목소리가 귀에서 떠나지 않는다. 다시 전화할 용기가 나지 않지만 이대로 물러날 수는 없다. 그리고 잠시 후 그토록 원하던 마루코와의 통화에 성공한다. 그때의 성취감이란 이루 말할 수 없었다. 험난한 관문을 통과하지 않고는 원하는 것을 손에 넣을 수 없었던 것이다.

대개 그 당시 딸을 둔 아버지는 젊은 남성에게 심술궂었다. 딸을 보호하려는 아버지의 마음이겠지만, 딸에게 다가가고픈 남성에게는 잠자는 숲 속의 미녀 앞에 놓인 가시덤불처럼 크나큰 난관이었다.

아버지의 지인 중에 '호랑이 편집장'이라는 별명을 지닌, 특히 문장에 까다로운 편집자가 있었다. 해군 잠수함 부대 출신의 대장부 스타일로 그 맹수 같은 위력은 담당하던 작가뿐 아니라 사랑하는 딸을 지키는 방면에서도 발휘됐다.

"여보세요, 오오쿠보 씨 댁인가요?"

"그렇소만."

"○○ 씨 있나요?"

오오쿠보 씨는 평소보다 더 가라앉은 목소리로 대답한다.

"없소."

상대는 조심스럽게 다시 묻는다.

"어디 외출했나요?"

오오쿠보 씨는 퉁명스런 목소리로 짧게 대꾸한다.

"모르오."

그러나 젊은이는 겁내지 않고 다시 도전한다.

"몇 시쯤 돌아오나요?"

오오쿠보 씨는 마지막 일격을 가한다.

"남이야!"

그리고 찰카닥 전화를 끊는다.

그 이야기를 들은 우리 아버지 얼굴에 화색이 돌았다.

"옳지, 우리 집에서도 써 봐야겠군."

그 후 전화가 울릴 때마다 아버지와 나는 식탁 의자를 걷어차며 달려 나가 전화기 쟁탈전을 벌이는 지경에 이르렀다. 사실 이 이야기에는 후일담이 있다. 어느 날 오오쿠보 씨가 평소처럼 전화에 대고 "없소, 모르오, 남이야!"를 실행했는데, 상대가 딸의 학교 선생님이란 사실이 드러났다. 그 후 모르쇠 대응을 그만두어야 했고, 우리 아버지도 어쩔 수 없이 포기하게 되었다. 그때는 정말 하루하루가 조마조마했다.

오오쿠보 씨에게 문장을 까다롭게 수정받던 작가 중 한 명인 엔도 슈사쿠노벨문학상 후보로 거론되던 일본의 대표 소설가. 소설 《침묵》은 할리우드에서 영화화되어 화제를 일으킴 씨도 외아들 류노스케 씨에게 걸려 온 전화를 엄하게 차단했다고 한다. 그러나 엔도 씨는 눈에 넣어도 안 아픈 아들을 쓸데없는 여자에게서 지키려는 부모의 마음이라기보다 단지 장난을 좋아해서가 아닐까 싶다. 하루는 엔도 씨 집에 전화가 걸려 왔다.

"여보세요."

"엔도 씨 댁인가요? 저는 ○○라고 합니다만, 류노스케 씨 계신가요?"

귀여운 젊은 여성의 목소리다.

"네, 잠시만 기다리세요."

나지막한 목소리로 대답하고는 수화기를 손으로 가리지 않은 채 큰 소리로 류노스케 씨를 부른다.

"류노스케, ○○라는 여자에게 전화 왔다."

여기까지는 특별히 이상한 곳이 없다.

"뭐? 없다고 하라고? 어떻게 그러냐. 알았다, 알았어."

그리곤 다시 수화기에 대고 차분히 말한다.

"류노스케는 지금 외출하고 없소."

물론 상대 여성에게는 엔도 씨의 말이 전부 들린다. 그리고 류노스케 씨는 실제로 외출 중이다. 그러니 엔도 씨가 아들과 이런 이야기를 나눌 리 없다. 결국 거짓말. 당연히 상대 여성은 기분이 상한 채 전화를 끊는다. 그 여성이 류노스케 씨와 어떤 사이였는지는 모르지만 그 뒤 아무리 류노스케 씨가 생글거리며 다가가도 분명 그녀는 무시했을 터다.

"그땐 정말로 힘들었다니까요. 아버지는 장난이셨겠지만 당하는 저는 괴롭다고요."

훗날 류노스케 씨는 쓸쓸한 표정으로 이렇게 회고했다. 그러나 그는 아버지가 주었던 험난한 시련을 극복하고 미묘한 인간관계의 본질을 갈고 닦은 끝에, 지금은 수많은 직원들의 마음을 살피는 대기업 임원으로 활약하고 있다.

"실례지만…"은
실례다

　가정마다 유선 전화기가 한 대였던 시절, 다른 사람의 집에 전화하는 일은 긴장감을 동반했다. 나에게도 긴장하던 중학교 시절의 추억이 있다. 그 친구에게 전화를 걸 때면 우선 심호흡부터 해야 했다. 상냥한 어머니나 친구가 받으면 안심이지만 할머니가 받으면 큰일이었다. 그 집 할머니는 전화 예절이 없으면 곧장 호통치는 걸로 아주 유명한 분이셨다. 혹시나 할머니가 받으시면 그 쉰 목소리를 듣는 순간 공포감에 숨이 막혀 제대로 이름을 말하지 못하곤 했다. 그러나 지금 생각해 보면 엄하셨던 할머니 덕에 좋은 훈련이 되었던 것 같다.

남의 집에 전화를 걸 때면 너무 늦은 건 아닌지, 무서운 친구 아버지가 받는 건 아닌지, 오래 통화한 탓에 친구가 아버지에게 혼나는 건 아닌지 이리저리 신경을 썼다.

물론 우리 집도 장시간 통화는 금지인 데다 자식들이 전화로 주저리주저리 수다 떠는 일을 못마땅하게 생각하시던 아버지 때문에 아버지가 저녁 식사를 마치고 잠자리에 드신 후 한밤중에 다시 일어나시기까지 몇 시간을 틈타 몰래 전화하곤 했다. 그러다 복도 끝에 있는 아버지 서재 문이 열리는 소리가 들리면 아무리 이야기 도중이라도 급히 수화기를 내려놓았다. 그 와중에도 찰카닥 소리가 나지 않도록 조심하며 마치 도둑처럼 살금살금 자리를 떠났다.

비단 전화를 걸 때만이 아니라 받을 때도 지금과 비교하면 옛날엔 상당히 긴장했었다. 그때는 전화번호가 표시되지 않던 시절이었고, 상대가 누군지 알 수 없어 수화기를 들 때면 항상 조심스러웠다. 퉁명스럽게 받았다가 만약 아버지나 어머니에게 걸려 온 중요한 전화라면? 무뚝뚝한 딸로 오해받을 수 있으므로 결례가 되지 않을 선에서 의연히 대응하리라 마음먹으며 수화기를 들었다.

내가 대학에 다닐 때였다. 하루는 중학생이던 남동생이 차를 가지고 역까지 데리러 오라고 전화를 했다. 나는 사내 녀석이 어디서 어리쾅이냐며 따끔하게 혼내 주고 전화를 끊었다. 곧바로 따르릉 전화가 울렸다. 남동생이었다. 좀처럼 기죽지 않는 녀석이다.

"누나, 나 피곤하단 말이야."

"뭐가 피곤해! 그래봐야 걸어서 고작 십 분이야."

"누나 운전 연습도 하고 좋잖아."

"시끄러. 나도 피곤한데 걸어왔어."

"진짜 안 돼?"

"안 돼!"

나는 다시 야단치고 전화를 끊었다. 그러자마자 또 따르릉따르릉 전화가 울리는 게 아닌가. 화가 치밀어 오른 나는 수화기를 들자마자 소리쳤다.

"작작 좀 해!"

"저기…….. 아가와 씨 댁 아닌가요?"

당혹스러워하는 남자의 목소리가 수화기 너머로 들려왔다. 그는 바로 아버지와 함께 일하는 출판사 직원이었다.

요새는 이런 실수를 하는 사람이 드물 것이다. 덜렁대는 사람이 줄었다기보다 전화의 기능이 좋아진 덕이리라.

역시 부모님 집에서 같이 살던 시절이었다.

"사와코, 전화 왔다."

나는 어머니에게 수화기를 건네받고는 상냥한 목소리로 대답했다.

"전화 바꿨습니다. 아가와 사와코입니다."

그때 이미 나는 방송 일을 하고 있어서 별다른 의심 없이 방송 의뢰 전화일거라 생각했다.

"나 지금 ○○하고 있거든."

부끄럽지만 나는 그 말을 알지 못했다. 무슨 뜻인지 몰라 곧바로 "네? ○○요?"라고 말을 따라했더니 부엌에 있던 어머니가 뛰쳐나와 내 손에서 전화를 뺏어 급히 끊어 버리셨다.

상대가 누군지 알지 못하며 중요한 전화인지 장난전화인지, 어른에게 걸려 온 전화인지 친구한테 걸려 온 전화인지 구별할 수 없던 시대였다. 전화를 받고 몇 마디 나눈 후에야 상대방의 이름과 신원을 알게 되고 그에 맞는 응대법을 모색했다.

"상대방이 누군지 확인하기 전까지는 우선 결례가 없도록 신경 써라."

아이는 사회에 나가기 전부터 부모에게 전화 응대를 통해 낯선 세계의 사람과 어울리는 방법을 자연스레 배운 셈이다.

휴대전화가 보편화한 요즘, 아이가 집 전화를 받으며 "실례지만 누구신가요?" 하고 물을 기회가 줄었다. 집 전화가 없는 가정도 있을 정도다. 전화가 울리면 우선 휴대전화에 표시된 이름과 전화번호를 확인해 상대가 누군지 알고 나서 받으면 된다. 아니, 아는 사람 전화만 받으면 된다. 이렇게 특별히 긴장감이 생길 일이 없다.

엉터리 전화 예절

"요즘은 전화도 제대로 받지 못하는 젊은이들이 너무 많아요."

어느 날 여성 동료가 투덜거렸다.

"평소 휴대전화로 친구들끼리만 얘기하니까 존댓말은커녕 기본적인 전화 예절조차 모른다니까요."

그리고 보니 최근 업무 때문에 통화를 하다 보면 화를 넘어 헛웃음이 나오는 경우가 종종 있다.

"안녕하세요. 아가와인데요, 편집장님 계신가요?"

"지금 없는데요."

"부탁하신 ○○건으로 전화 드렸는데요, 혹시 이 건으로 통화할 만한 분 계실까요?"

"글쎄요. 잘 모르시겠는데요."

그리고 아무 대답이 없다.

아니면 이런 경우도 있다.

"단지 스케줄적인 문제 때문이지 프로그램적으로는 문제가 없어요. 혹시 아가와 씨적으로는 괜찮은가요?"

스케줄이면 스케줄이고 프로그램이면 프로그램이지, 되도록 단정을 피하고 두루뭉술하게 넘어가려는 표현에 혼란스러워하는 사이 최근 신종이 대두했다.

"스케줄감은 어떤가요? 예산감도요."

예산감이라……. 예산감은 높은 편이 고맙기는 하지만.

많은 사람들이 쓰는 표현 중에 "실례지만……."도 있다. 뒷말을 기다리고 있는데 아무 반응이 없다. 즉 "실례지만 이름이 뭐예요?"를 생략하면 "실례지만……."이 되는 모양이다. 왜 그렇게 말을 줄이는 걸까? "이름을 물어봐도 될까요?" 혹은 "누구신가요?"라고 당당히 물어보면 될 텐데 말이다. "실례지만……."까지 말하고 멈출 때마다 정말 실례라고 생각한다. 그래서 일부러 심술 맞게 "아직 실례한 건 없는데요." 하며 되받아치고 싶지만 "텔레비전에서는 사람 좋아 보이더니만 실제는 심술쟁이 아줌마잖아."라는 말을 들을까봐 꾹 참는다.

이외에도 유달리 말머리에 "어, 음"을 집어넣거나 목소리가 작은 사람이 있다. 물론 옛날에도 그런 사람들은 있었을 테지만, 요즘 젊은이들의 작고 혀 짧은 소리는 에너지 절약의 일환일까, 아님 발전한 마이크 성능 때문일까. 이따금 모기처럼 앵앵거리는 젊은 여성을 보면 배로 숨을 내뱉으며 낮은 목소리로 야단치고 만다.

"목소리는 배에서! 배에서 소리를 내야죠!"

"알겠습니다. 그런데 아가와 씨 좀 무서워 보여요."

늑대를 만난 빨간 망토 소녀처럼 벌벌 떠는 바람에 그만 포기해 버린다. 그러나 이런 사람에게도 각오해야 할 업무나 꼭 결과를 내야 하는 상황 등 자신의 약점을 이겨내야 하는 날이 반드시 찾아온다. 그 날을 위해 옛날 신입 사원들은 직장 상사와 선배에게 "전화가 울리면 바로바로 받아", "큰 목소리로 또박또박", "대답 안 해?", "안 들려. 더 크게!" 하고 기합을 받으며 자신을 단련했다.

사실 나도 어렸을 때는 소심한 성격(진짜다.) 때문에 아버지에게 곧잘 "좀 더 크게 말해!" 하고 혼났었다. 집에 찾아온 손님에게 인사를 할 때나 음식점에 가서 주문을 할 때면 아버지는 "웅얼거리지 말고 똑바로 말해!" 하며 무서운 얼굴로 나를 노려보셨다. 그러나 오빠나 남동생, 친구들과 큰 소리로 이야기할 때는 "시끄럽다! 조용히 좀 해!" 하며 야단을 치셨으니, 어떻게든 결국 혼났다. 야단맞기 싫어 일단 부모님 말씀에 따르지만 어떤 식으로 어디서 목소리를 내야 하는지 알지 못했다. 원리는 시간이 흐르면서 저절로 깨닫게 되는 법. 깨달음은 훨씬 나중에 찾아왔다.

다시 이야기를 돌려, 물론 신입 시절에는 누구나 긴장하기 마련이고 말실수도 하며, 당황한 나머지 제대로 대꾸도 못 한 채 전화를 끊을 때가 있다. 나는 회사에서 근무한 경험은 없지만 젊은 시절 아르바이트를 하면서 여러 직장을 전전했다. 한 번은 건축디자인 사무소에서 전화 응대와 사무 업무 아르바이트를 한 적이 있는데 걸려 온 전화는 무조건 맨 먼저 받아야 했다.

"○○건축사무소입니다."

이 한마디를 내뱉을 때의 쾌감이란! 능숙한 오퍼레이터나 유능한 비서라도 된 듯한 기분에 휩싸였다. 그러나 곧바로 공포가 닥쳐왔다.

"안녕하세요. ○○시공사의 ○○입니다. ○○과의 ○○ 씨 계시나요?"

순식간에 암기해야 할 단어가 네 개나 튀어나왔다. 어릴 때부터 아버지를 찾는 전화를 자주 받았기 때문에 모르는 사람과 통화하는 일은 그다지 어렵지 않았다. 그러나 아버지에게 걸려 온 전화는 "○○출판사의 ○○입니다만, 아가와 히로유키 씨 계신가요?"처럼 기억해야 할 단어가 회사 이름과 상대방 이름 두 개뿐이었다. 만일 하나를 잊어버렸다 해도 최소한 나머지 한 개만 기억하면 어떻게든 넘어갈 수 있었다.

"네, 잠시만 기다리세요."

나는 아버지를 부르러 서재로 가 "○○출판사에서 전화 왔어요." 또는 "○○ 씨한테 전화 왔어요."라고 했다.

"어디 누구라고?"

"잘 듣지 못했는데 출판사 분인 거 같아요."

무서운 아버지도 더는 묻지 않고 전화를 받으러 가셨다. 그러나 회사에서는 이런 식으로 대충 넘어갈 수 없다. 그렇기 때문에 더 긴장하게 되고 네 개를 한꺼번에 외우려다 전부 뒤섞이고 만다.

"잠시만 기다리세요."

그렇게 대답한 후 나는 울고 싶어졌다. 어느 회사의 누가 어느 부서의 누구를 찾는지 뒤죽박죽이었다.

"어떡하지."

내선 번호 버튼을 만지작거리며 머뭇대자 바로 뒤에 앉은 선배가 재빠르게 도움의 손길을 뻗어 왔다.

"무슨 일이야? 누구한테 온 전화인데?"

"죄송해요. ㅇㅇ 씨가 △△ 씨를 찾는데 내선 번호가 기억나지 않아요."

겨우 외운 두 고유명사를 쏟아낸 후 뒤를 돌아보았다.

"어? 내 전화였구나."

가장 가까이 있는 선배를 찾는 전화였던 것이다. 도대체 언제쯤이면 회사 사람들 이름을 외울 수 있을까. 그렇게 큰 회사도 아니건만. 생각해 보면 젊었을 때부터 기억력이 좋지 않았다.

이런 식으로 얼빠진 신입의 모습을 조용히 지켜보다 도움이 필요할 때 손을 내밀어 주고 호되게 야단도 치며, 이따금 본받고 싶어질 멋진 실력을 선보이면서 늠름하게 성장하게 하는 상사와 선배는 어느 직장에나 있었다. 이는 선배의 업무 중 하나이기도 했다.

"이제는 그게 말처럼 쉽지 않아요."

부하 직원을 거느리고 있는 한 지인이 팔짱을 끼며 한숨을 쉬었다.

전화는 의사소통의 기초다

아버지가 장시간 통화를 금지시켜서 아가와 씨가 한밤중에 몰래 일어나 친구와 몇 시간씩 전화로 수다를 나눴다던 이야기는 실제로 우리 집에서도 종종 있던 일입니다. 지금은 두 자녀가 모두 성인이 되어 각자의 휴대전화를 사용하면서 집 전화를 사용하는 일이 거의 없습니다만, 우리 집 아이들이 중고등학생이던 시절에 저도 아이들이 늦은 시간에 통화하거나 장시간 통화를 하지 못하게 했던 적이 있습니다.

요즘은 초등학생들도 소지할 정도로 휴대전화가 흔해졌지만, 불과 10~15년 전만 해도 휴대전화는 어른들만 사용할 수 있는 물건이었습니다. 그렇기에 당시 휴대전화가 없던 나의 아내와 아이들은 집 전화로 통화하는 것이 일상이었습니다. 아이들이 늦은 밤 친구네 집에 전화를 걸게 되었을 때, 혹시라도 부모님이나 집안의 어른이 받을 경우를 대비해서 아이들에게 전화를 걸고 받는 예절을 가르쳤던 적이 있습니다. 전화는 상대방의 얼굴이나 몸짓을 직접 보지 못하고 대화하기 때문에 자칫하면 실수와 오해가 발생할 소지가 많기 때문입니다.

이메일이나 메신저 시스템이 발달했어도 비즈니스나 사회생활의 업무 전반에서 가장 기본이 되는 커뮤니케이션 수단은 전화입니다. 가장 흔하면서도 직접적인 의사소통이 가능한 전화는 걸 때에도 받을 때에도 반드시 지켜야 할 예절이 있습니다.

다짜고짜 본인이 할 얘기부터 해 버린다거나, 다른 사람에게 용건이 있을 때 "○○ 씨 바꿔주세요."라고 하는 것은 상대방을 당황하게 만듭니다. 또는 상대가 다른 사람과 통화를 원해 전화를 바꿔줘야 할 때, 아무런 말없이 넘겨 버린다면 무례한 행동입니다. 그런 경우 반드시 "바꿔 드리겠습니다. 잠시만 기다리세요."라는 말을 한 후에 전화를 건네주는 것이 도리입니다.

얼굴이 보이지 않을수록 더욱 예의를 지켜야 합니다. 통화한 번으로 그 사람의 이미지, 가정의 이미지, 회사의 이미지가 결정되기도 합니다.

가장 기본적 생활 예절인 통화를 할 때에는 먼저 수화기를 들기 전에 목소리를 한두 번 "음, 음." 소리 내어 가다듬고 올바른 자세에서 받는 것이 좋습니다. 그리고 전화를 걸고 받을 때는 자신에 대한 소개, 전화를 건 이유와 목적, 감사 인사라는 3단계로 통화를 하도록 합니다. 따라서 수화기를 든 후에는 반드시 인사부터 한 후 직장에서는 소속과 이름을, 가정에서는 이름이나 신분을 밝히고 전화를 건 이유에 대해서 이야기합니다. 만약 자신이 통화하고자 했던 사람이 아니라 다른 사람이 전화를 받았다면 "급한 일이 아니니 나중에 다시 전화 드리겠습니다."라고 하거나 "간단하게 메모를 부탁드려도 될까요?" 라고 정중하게 요청하는 것이 예의입니다. 반대로 다른 사람의 전화를 대신 받았을 경우에는 부재에 대한 안내를 정중히 하고 메모를 전달해 드릴 것인지 여부를 확인하도록 합니다.

사람들과 만났다가 헤어질 때 인사를 하고 헤어지듯이 통화가 끝날 때에는 상황에 맞춰서 "고맙습니다." 또는 "알겠습니다."라고 하는 것이 기본 예의입니다. 그 후 2~3초 여유를 두고 상대방이 수화기를 놓는 때에 맞춰서 조용히 수화기를 내려놓도록 합니다.

　반듯하고 예의바른 전화예절은 얼굴을 모르는 상대에게도 호감을 줄 뿐만 아니라 업무적인 부분에서도 성공률을 높일 수 있습니다.

후배를
혼내는 용기

친한 여성 사장에게 이런 이야기를 들은 적이 있다. 그녀는 십여 명의 사원을 거느린 편집 프로덕션을 운영하는데, 자신도 신입 시절 전임 사장에게 철저하게 교육받았다고 한다. 그중 가장 기억에 남는 것이 전화 응대법과 인사법이었다.

"빨리 말하지 않도록!"

"대답은 정확히!"

"거래처 사람 앞에서는 아무리 상사라도 사내 사람을 너무 높이지 마."

"전화는 울리는 즉시 받아."

수시로 호통이 떨어지는 바람에 입사 초기에는 신경성으로 배가 아프기도 했다. 그런 혹독한 훈련을 거친 그녀가 최근, 경력 사원들과 이야기하다 그들의 고민을 알게 되었다. 후배를 꾸짖지 못하겠다는 것이었다. 사장이나 베테랑 사원들은 자신이 젊었을 때 상사에게 혼나던 방식대로 후배에게 주의를 주려고 한다.

"전화가 울리면 우물쭈물하지 말고 곧장 받아!"

"그런 내용은 메일로만 연락하면 실례라고!"

"손님이 오면 얼른 차를 내야지."

이런 식으로 혼내고 호통치고 싶지만, 막상 그럴 상황이 오면 어떤 말로 어떤 타이밍에 훈계해야 할지 전혀 감이 잡히지 않는다. 어떻게 하면 좋을지 망설이다 결국 눈감아 버리고 만다. 망설이는 이유를 들어보면 "어설프게 혼냈다가 부하 직원이 지나치게 낙담하면 오히려 피곤하다", "출근하자마자 화부터 내기가 마음 편치 않다", "커피를 마시고 있으니 조금 이따 혼내자"와 같이 여러 가지로 신경 쓰기 때문이다. 주저하는 사이 자신의 업무로 바빠지거나 타이밍을 놓치거나 '다음에 또 그러면 혼내자.' 하고 단념해 버리다가 결국 주의를 주지 않은 채 시간이 흐른다. 한편 부하 직원 입장에서는 아무런 주의도 받지 않았기 때문에 안심하고 개선할 생각을 하지 않는다. 꾸중 듣지 않았으니 일을 제대로 하고 있다고 믿으면서 이쪽도 시간이 흐른다.

하루는 그 회사의 선배가 후배에게 다음 날까지 기획서를 제출하라고 지시했다. 이튿날 제대로 작성해 왔는지 물어보니 "아니요."라는 대답이 돌아왔다.

"어째서 못 한 거지?"

게으름 피운 것도 쓸 시간이 없던 것도 아니었다. 이유를 추궁하자 선배가 지시했을 당시 이미, 써 본 적도 없고 어떻게 쓰는 지도 모른다고 생각했지만 그렇게 말할 수 없었을 뿐이라고 했다.

"못 한다고 말할 수 없었어요. 어떻게 쓰는 건지, 제가 뭘 모르는지도 모르니까요."

후배는 이렇게 말하며 울기 시작했다.

과연 무엇이 문제였을까. 기획서를 쓰라고 지시한 선배 입장에서 그 정도는 당연히 할 수 있을 거라 생각했다.

"나중에 생각해 보니 그 자리에서 좀 더 얘기를 나눌 걸 그랬나 봐요."

선배 마음대로 판단한 점에도 문제가 있는지 모른다. 그러나 작성법을 모른다면 처음부터 왜 그렇게 말하지 않느냐며 선배는 고개를 갸우뚱거렸다.

이렇게 현장에서 의사소통이 제대로 이루어지지 않고 있다는 사실을 알고 사장은 자신이 직접 부하 직원을 혼내야겠다고 결심했다. 그후 사소한 일이라도 눈에 띄면 바로바로 자신이 나서서 큰 소리로 야단쳤다.

"뭐해! 전화는 즉시 받아야지."

하나씩 손수 주의를 주기 시작했다. 잘한 일이라고 생각하고 있는데 그녀가 말을 이었다.

"그런데 혼낼 때마다 손이 떨려요. 역시 나도 누군가를 혼내는 일에 익숙지 않은 거예요."

그러고 보니 나에게도 비슷한 경험이 있다. 꽤 오래전 집 근처 정류장에서 버스를 기다리고 있는데 내 뒤로 젊은 커플이 섰다. 그들은 신나게 수다를 떨더니 손에 들고 있던 빈 주스병을 도로에 내려놓았다. 다 마신 주스병을 그대로 방치할 작정인가. 못 본 척 할까도 했지만 이제 나도 젊은 사람들을 훈계할 책임이 있는 나이라는 생각에 마음을 고쳐먹었다. 나는 숨을 깊게 들이마시고 마음을 단단히 먹은 후 말했다.

"거긴 쓰레기통이 아니에요."

땅에 버린 주스병을 가리키며 과감히 주의를 주었다. 그러나 목소리가 나오는 순간 나는 깜짝 놀랐다. 바들바들 떨리고 흥분된 목소리가 아닌가. 내 자신이 한심했다. 좀 더 당당히 혼낼 수 없는 건가! 젊은 커플은 미안하다는 표정으로 "죄송합니다." 하고 사과하며 내심 당황한 나에게 꾸벅 고개를 숙인 후 빈 병을 주웠다. 마침 버스가 와 나는 버스에 올라탔다. 그러나 빈 병을 든 두 사람은 병을 어디에 버려야 좋을지 망설이며 버스에 타지 못 하고 있었다. 그때 내가 "일단 버스에 타고 나중에 역에 내려서 버리도록 해요."라고 조언했다면 좋았겠지만 나도 당황한 상태였다. 다시 말을 꺼냈다가 금방이라도 울 것 같은 목소리가 나올까봐 조마조마했던 것이다. 결국 문이 닫히고 그대로 버스가 출발했다. 뒤를 돌아보자 빈 병을 손에 쥔 두 사람의 모습이 점점 작아져 갔다. 그들에게 미안한 마음이 들었다. 이래저래 혼내는 일에 익숙지 않은 내 잘못이었을까. 내 탓인 걸까.

사실과 의견을 구분하여
현장 중심의 대화를 한다

간혹 상대방의 성격이나 인간성이 잘못되었다며 지적하는 사람들이 있습니다. 그런 이야기를 듣고 순순히 수긍하며 넘어가는 사람은 별로 없습니다. 대부분 화를 내고 반감을 드러냅니다. 직장 생활이나 가정뿐만 아니라, 일상적인 사회생활에서도 얼마든지 일어나는 이런 상황은 지적에 대한 객관적인 사실근거가 배제되어 있기 때문에 상대방이 쉽게 받아들이지 못하는 데서 발생합니다.

실제로 조직에서 이러한 대화는 비일비재하게 일어납니다. 예를 들면, 리더가 성격이나 인성과 관련 있는 "멍청하다, 게으르다, 머리가 안 돌아간다, 뺀질뺀질하다, 인간이 덜 되었다." 등의 표현을 사용하여 직원들을 혼내기 때문에 진지한 반성보다 반감부터 앞서는 것입니다. 그렇게 되면 업무 수행의 부족한 점을 인지하지 못하고 개선할 가능성도 적어지게 됩니다.

상대방을 혼내려면 혼내는 방법을 구체적으로 알아야 합니다. 여기서 이야기하고자 하는 혼내는 방법은 '객관적인 사실 근거에 기반한 피드백'이어야 한다는 것입니다. 상대방이 지적을 쉽게 받아들이고 개선해야겠다는 의지를 가질 수 있도록 사람의 인격에 대한 사항이 아니라, 일과 관련한 잘못된 행위나 결과에 초점을 맞춰야 합니다. 즉, 주관적 판단에 의한 의견보다는 실제 일이 일어나고 있는 현장에 기반을 두고 객관적 사실 중심의 대화를 해야 한다는 것이죠. 회사에서는 자신이 달성하기로 한 목표에 미달했거나 진행 업무가 조직에서 원하는 방향이 아닐 때 질책의 대상이 될 수 있습니다.

"보고서가 이게 뭐야? 평소에 큰소리는 있는 대로 치고 느긋하더니 결국 보고서 내용이 이것뿐이야?"라고 그 사람에 대한 감정적인 핀잔이나 직관적인 의견 대신에 "보고서를 계획했던 것보다 일주일이나 늦게 제출한 이유가 있는가? 그리고 자네가 제출한 보고서에는 이야기의 요점이 부족하네. 현상에 대한 설명만 5페이지고 그러한 현상을 통해서 어떠한 해결방안이나 대책을 세워야 하는지, 의견 제시가 없잖나. 이 내용은 자네 선배가 전년도에 고민해본 적이 있으니 도움을 요청해 다시 기획해 보게."라고 부족했던 사실을 근거로 조언해야 합니다. 사전에 합의한 기준과 대비해 어떻게 잘못했는지를 구체적으로 조근조근 이야기하는 것이 상대방이 받아들이기에 좋습니다.

마지막으로 "너 때문에 아주 힘들다", "수습해야 할 일이 산더미 같다"와 같은 주관적 의견이 들어간 넋두리는 바람직한 질책이 아닙니다. 리더로서 직원의 잘못을 책임지는 것은 당연한 일입니다. 당신의 기분을 표출할 시간에 직원이 같은 실수를 반복하지 않도록 코칭해 주어야 앞으로 똑같은 일로 책임을 지는 일이 발생하지 않을 것입니다.

혼을 낼 때는 그 사람 자체가 아니라 그 사람이 실제로 한 잘못된 행동이나 결과에 초점을 맞춰야 한다는 것을 늘 명심하시기 바랍니다.

무서운 얼굴의
장점

멸종 위기로 불리는 '능숙하게 혼내는 사람', '야단치기를 좋아하는 사람'이 요즘이라고 전혀 없는 것은 아니다.

이즈미야 시게루일본의 유명 가수 겸 배우. 독설가 캐릭터로 유명 씨는 처음 출연한 홍백가합전 무대에 등장하자마자 화를 냈다. 노래를 부르는 동안에도, 노래가 끝나고 무대에서 내려갈 때도 연신 툴툴거렸다. 나는 인터뷰를 위해 그를 만났을 때 물어보았다.

"그때 정말로 화나셨어요?"

"그래요."

그가 화난 얼굴로 고개를 끄덕였다.

"왜 화나셨는데요?"

"뭐, 이것저것이요."

그러나 이야기 도중 가끔씩 보이는 미소와 슬쩍 내뱉는 말에서 상냥함을 엿볼 수 있었다.

"젊으셨을 때 사진을 봤는데 엄청 귀여우시던데요."

"그런 말 마세요. 내 이미지가 무너지잖아요. 그거 엄연히 영업 방해라고요."

무슨 말에도 언짢은 반응을 보이는 것이 아무래도 그의 트레이드 마크가 된 듯했다. 주위에 '항상 화내는 이즈미야 시게루 씨'를 만났다고 했더니 남녀불문하고 많은 사람들이 "그 사람 원래는 상냥하잖아요." 하며 마치 알고 있었다는 반응이었다.

"만난 적 있어요?"

"만난 적은 없지만 척 보면 알죠."

나는 예전부터 험상궂게 생긴 사람이 부러웠다. 무서운 인상을 풍기는 사람이 이따금 생긋 웃으면 항상 웃는 표정인 사람이 생긋거릴 때보다 몇 배는 친절하게 보이기 때문이다. TV나 라디오 일로 가끔 만나는 한 방송 패널리스트도 그런 사람 중 하나다. 화내고 있지는 않지만 대개 허리를 쭉 핀 채 다가가기 힘든 분위기를 풍긴다. 처음 본 사람들은 그가 무서운 사람일거라 짐작한다. 방송에 초대된 게스트가 그의 앞에서 긴장하는 모습이 보기 딱해 나는 같이 방송하는 사람으로서 일부러 생긋 웃으며 "안녕하세요. 차 드실래요?" 하고 싹싹하게 다가간다. 그러나 막상 그런 분위기 속에서 그가 이야기하기 시작하면 게스트들은 이런 반응을 보인다.

"어휴, 괜히 긴장했네요. 이렇게 상냥한 분이신걸."

이야기를 나누면서 그의 본성이 게스트들에게도 보이는 것이다. 실제로도 떨떠름한 표정과 달리 배려심이 깊고 친절한 사람이다. 그러나 그의 본모습은 얼핏 봐서는 알기 힘들어 게스트들은 그 격차에 놀라고 만다. 나 역시 TV 프로그램에서 그를 처음 만났을 때는 겁을 먹고 근처에 가지 않았다. 그러나 실제로 이야기를 나눈 뒤 웃는 얼굴이 보기 좋고 겸손하며 약자의 마음을 소중히 여기는 사람이란 사실에 깜짝 놀랐다. 그의 의외의 모습을 보고 게스트들이 반가운 표정을 짓고 있으면 처음부터 생글대던 나는 뭐였나 싶어 투덜거릴 때도 있다.

꽤 예전에 함께 일했던 소설가도 같은 부류의 사람이었다. 당시 도서 심의회에서 정기적으로 만났는데 하루는 약속 시간이 돼도 그가 나타나지 않았다. 아무리 기다려도 오지 않자 혹시 날짜를 잘못 알고 있는 건 아닌지, 갑자기 쓰러진 건 아닌지 심의회 회원들이 걱정하기 시작했다. 결국 심의회 담당자가 집으로 전화를 걸었다.

"글쎄 집에 계셨더라고요. 지금 나오신다고 하니 한 시간 후면 도착하실 겁니다."

"그래요? 낮잠이라도 주무셨나?"

당황한 우리는 그를 기다리기로 했다. 평론가이기도 했던 그는 언제나 강경하고 신랄한 비평을 쏟아내는 인물이었다. 감히 그에게 반론할 수 있는 자는 없었다. 그러나 오늘이야말로 기회다! 모두 힘을 합쳐 늦잠 잔 그를 놀릴 생각에 들떠 있었다. 약속 시간을 한 시간 반 정도도 넘겨 드디어 그가 도착했다.

"늦었구먼!"

그는 문을 열자마자 굳은 얼굴로 이렇게 내뱉고는 자리에 앉았다.

"아, 네……."

왠지 이쪽이 사과해야 할 것만 같은 분위기가 되었다. 그러다 그가 어렴풋이 쑥스러운 표정을 지어 보였을 때, 놀려 주려고 대기하고 있던 우리들은 그만 웃음을 터뜨리고 말았다. 이럴 수가!

항상 화난 얼굴인 사람이 부러워진 것은 이때부터였다. 그러나 여자는 이럴 수 없다. 나도 원래는 아버지를 닮아 버럭 화를 잘 내는 성격이기 때문에 오빠나 남동생, 친구들 앞에서는 본성이 나타나지만 대외적으로는 생글거리는 얼굴로 살고 있다. 방송 일을 막 시작했을 때, 프로그램 PD가 내게 단단히 일러두었기 때문이다.

"여자는 애교예요. 인사할 때 더 활짝 웃으세요."

아무래도 내가 생방송 오프닝에서 딱딱한 얼굴로 인사를 한 모양이었다. 사실 긴장했었다. 눈부신 조명 아래 카메라를 응시하고 디렉터가 외치는 카운트다운에 집중하다 사인이 오는 순간 바로 인사를 해야 했다. 타이밍을 놓치면 혼날까봐 나도 모르게 미간을 찡그린 채 입을 내밀고 화난 표정으로 인사한 모양이었다.

"웃으라고 말씀하셔도……."

내가 곤란해 하자 당시 나를 지도해 주던 프로 아나운서가 내게 다가왔다.

"신입 아나운서들도 처음에는 긴장을 해서 얼굴이 굳어져요. 그 긴장을 풀어줄 주문을 알려 드릴게요."

그 주문은 바로 '에히메미캉愛媛みかん,일본 제일의 감귤류 생산지역인 에히메 현愛媛県의 귤'을 세 번 소리 내서 말하는 것이었다. '에히메미캉'은 대부분 모음이 '이'와 '에'로 구성되어 있다. 즉 자음을 제외하면 '에이에이앙'이 된다. 그 말을 수차례 소리 내어 말하면 '이'와 '에'의 발음횟수가 많아지면서 저절로 입모양이 올라가고 자연스레 웃는 얼굴이 된다는 설명이었다. 좋아, 실천해 보자.

그리고 이튿날 나는 생방송 삼십 초 전부터 '에히메미캉'을 중얼거렸다.

"에히메미캉, 에히메미캉, 에히메미캉."

"이십 초 전."

"세 번으로는 부족해. 에히메미캉, 에히메미캉, 에히메미캉."

"십 초 전."

"에히메미캉, 에히메미캉."

"팔, 칠, 육."

"에히메미캉."

"삼, 이⋯⋯."

"에히메미캉. 안녕하세요. 아가와 사와코입니다."

멋진 미소를 짓는 데 성공했다. PD에게도 칭찬받아 나는 의기양양했다. 그날 이후 난 매일 '에히메미캉'을 생방송 직전까지 중얼거렸다. 그런데 며칠 뒤, 분명 칭찬해 줬던 PD가 '에히메미캉'을 그만하라고 하는 게 아닌가.

"네? 많이 좋아졌다고 하셨잖아요."

"좋아지긴 했는데 불안해서 말이죠. '안녕하세요.' 대신 '에히메미캉'이라고 말할까봐 조마조마해요."

그래서 나는 입 밖으로 소리 내는 대신 마음속으로 '에히메미캉'을 되뇌게 되었다.

여자와 애교에 대해 말하다가 잠깐 샛길로 빠지고 말았다. 여자는 자고로 애교가 많아야 한다거나 감정적이라는 인식 탓에(남자 중에도 감정적인 사람은 수두룩하지만) 다른 사람을 혼내거나 야단치는 일에 불리한 점이 있다.

예를 들어 "시끄러워!" 하고 누군가를 혼냈을 경우, 남성의 굵고 낮은 목소리는 야단맞는 당사자뿐 아니라 주위 십 미터까지 긴장감에 휩싸이게 한다. 효과는 가히 절대적이다. 그런데 혼내는 사람이 여자라면 어떨까. 아무래도 남성에 비해 목소리가 높은 탓에 히스테릭하게 보여 빈축을 사기 쉽다. 그래서 히스테릭하게 보이지 않기 위해 말을 골라서 사용한다.

깔끔하게
혼내는 방법이란?

들리는 바에 따르면 재일교포 2세 출신의 한 소설가도 여기저기서 당당히 혼내고 있다고 한다. 그는 기차 안에서 시끄럽게 떠들며 뛰어 다니는 아이를 보면 좌석에 앉은 채로 아이 손을 힘껏 잡아 "뛰지 마!" 하고 무섭게 혼낸다. 그러면 아이는 곧바로 울음을 터트리며 자기 자리로 뛰어가서는 엄마 손을 잡고 다시 나타난다.

"우리 애한테 뭐라고 하신 거죠?"

아이 엄마가 무서운 얼굴로 노려보면 180센티미터도 넘는 그가 자리에서 벌떡 일어나 되받아친다.

"뭐요? 부모면 부모답게 아이를 잘 가르쳐야지!"

기에 눌린 상대방은 맥없이 자기 자리로 돌아간다. 나도 해보고 싶지만 불가능하다. 아이 손을 잡은 채 "뛰지 마!" 하고 훈계까지는 가능하겠지만, 그 후 따지러 온 부모 앞에서 벌떡 일어나봤자 앉은키와 별반 다르지 않다. 위압감이 떨어져도 한참 떨어진다. 아무리 마음속으로 "부모가 애들 교육을 잘 시켜야죠!" 하고 외친다 한들 입 밖으로는 나오지 않는다. 만약 상대가 험상궂다면 잔뜩 겁먹은 채 오히려 내가 사과하고 자리를 피할 수도 있다. 역시 겉에서 보이는 박력이란 혼내는 힘에 적잖이 관여하는 것 같다.

최근에는 옛날에 비해 거리에서 아이나 젊은이들을 혼내는 어른들이 줄었다는 이야기를 접하곤 한다.

"전 혼냅니다."

이렇게 호기롭게 말한 사람은 곧 쉰을 바라보는 한 회사의 부장이었다.

"그렇게 다리를 빼고 있으면 지나가는 사람에게 방해가 되니 똑바로 앉아요."

그는 지하철 안에서 다리를 쭉 뻗고 앉아 있는 젊은이를 보면 가볍게 주의를 준다고 한다.

"역시 누군가 말해 주지 않으면 본인은 모르는 법이거든요."

젊은이들을 나무라는 일에 아무 머뭇거림도 없던 그였다. 그러던 어느 날 그는 업무 때문에 만난 경찰관에게 자랑스레 말을 꺼냈다.

"매너 없는 젊은이들을 보면 저는 곧잘 꾸짖습니다."

칭찬할 줄 알았더니 경찰관은 차분한 어조로 오히려 자신을 타일렀다고 한다.

"그 마음은 무척 감사드리지만 아시다시피 요즘은 말 한마디가 사고로 이어지는 경우가 무척 많습니다. 그러지 않으시는 편이 좋아요."

부장은 실망하고 말았다.

"우리 어릴 때만 해도 길가에서 어른들한테 자주 혼나곤 했는데. 이젠 도리가 사라진 시대인 걸까요?"

그러고 보니 얼마 전 길가에서 학생을 훈계하던 중년 회사원이 폭행을 당해 숨을 거둔 뉴스가 있었다. 그런 흉흉한 사건들을 계기로 공중도덕을 지키지 않는 젊은이를 못 본 척 지나치는 어른들이 늘은 것이리라. 싫은 소리 했다고 사람을 죽이는 세상이니 모두 두려울 수밖에 없다. 나 역시 마찬가지다. 작은 소리로 "여기가 자기 집 안방인가? 소리 좀 줄이지!" 하고 투덜거릴 수는 있지만 직접 얼굴을 맞대고 말할 용기는 나지 않는다. 이런 어른이 증가한 탓일까. 간접적으로 나무라는 경우도 자주 보게 된다.

얼마 전 단골 레스토랑에 갔을 때의 일이다. 정중앙 테이블에 어리지 않은 남녀 예닐곱이 큰 소리로 웃고 떠들며 식사를 하고 있었다. 나는 구석 테이블에 친구와 자리를 잡았는데 그들이 떠드는 소리가 너무 큰 데다 이따금 폭발적으로까지 커지는 바람에 친구 목소리가 들리지 않았다. 나는 부글부글 화가 치밀어 올랐다. 내가 남자였다면 "시끄러워! 좀 조용히 못해!"라며 불호령이라도 내렸을 텐데 못내 아쉬웠다. 소심한 저항이라도 하듯 나는 그들 쪽을 향해 험악한 표정을 지었다. 그들 중 누군가 내 시선을 느낀다면 약간은 조용해지지 않을까 해서였다. 한 명이 내 쪽을 슬금슬금 쳐다보기 시작했다. 이제 알아들었겠지? 그런데 내 친구가 나를 말렸다.

"그만해. 너도 텔레비전에 나오는 사람인데, 사람을 기분 나쁘게 쳐다본다는 둥 나쁜 소문이 돌면 어쩌려고."

"그래도⋯⋯."

"자, 밥맛 떨어지겠다. 신경 쓰지 말고 어서 먹자."

나는 하는 수 없이 우리 테이블로 시선을 돌렸다. 얼마 후 그들은 식사를 끝내고 돌아갔다.

"아, 드디어 조용해졌네."

편안한 기분으로 식사를 하는데 점원 몇 명이 레스토랑 안을 돌며 손님들에게 고개를 숙이기 시작했다. 우리 쪽에도 한 명이 찾아왔다.

"대단히 죄송합니다."

소란스러운 손님 때문에 식사에 방해가 되었다며 손님들에게 사과하고 돌아다니는 것이었다.

"아니에요. 그쪽이 사과할 일도 아닌데요."

"죄송합니다."

점원은 무척 미안한 듯 다시 고개를 숙였다. 그런데 나는 이 상황이 이해되지 않았다. 찜찜한 기분으로 집에 돌아와 곰곰이 생각해 봤다. 뭔가 개운치 않았다. 그러다 깨달았다. 레스토랑의 대응도 잘못된 게 아닐까. 점원 역시 그들이 시끄럽다고 느꼈다면 직접 그들에게 주의를 줬어야 옳지 않았을까. 아무리 왁자지껄 떠든다 한들 손님인 이상, 화를 낼 수 없다는 뜻인가. 한바탕 폭풍이 지나간 후에야 "정말로 시끄러우셨죠? 불편을 끼쳐 죄송합니다." 하며 공감을 드러내는 모양새도 어쩐지 앞뒤가 맞지 않았다. 그리고 레스토랑의 대응에 불만을 품으면서도 나를 포함한 어떤 손님도 시끄럽다고 생각할지언정 직접 나서서 주의를 줄 생각은 하지 못했다. 요즘 세상은 직접 불만을 말하는 행동을 볼썽사납게 바라보는 분위기가 된 걸까. 그러면서 소송문제가 급증하는 현실은 모순이지 않을 수 없다.

그 불쾌했던 식사가 며칠쯤 지난 후, 지인 몇몇과 조그마한 이탈리

안 레스토랑에서 모임을 가졌다. 멤버 중에는 나랑 무척 친한 일러스트레이터가 있는데 그녀의 이야기는 흥미진진해서 만나면 항상 즐거웠다. 그러나 딱 하나, 목소리가 크다는 점이 옥에 티였다. 그래서 같이 식사하러 갈 때는 가게 앞에서 그녀를 조심조심 타이른다.

"식사 중에는 목소리를 조금만 낮춰 주세요."

"아무리 그래도 내 목소리는 온 아니면 오프밖에 없다고요."

"그 중간 정도로만요. 약간만 조그맣게 얘기해 봐요. 알았죠?"

그러나 식사를 시작하고 술이 한 잔 두 잔 들어가자 그녀는 나와의 약속을 까맣게 잊어버렸다. 나도 그녀의 분위기에 이끌려 어느샌가 하하하, 깔깔깔 정신이 없었다. 그런데 다음 요리를 가지고 온 젊은 웨이터가 접시를 테이블에 내려놓으며 허리를 굽인 채 따끔하게 한마디 했다.

"조용히 해 주십시오. 다른 손님들도 계십니다."

단호히 분명하고 야무지게 우리들을 야단친 것이다. 나는 마음속으로 울음을 터트렸다. 미안함과 창피함에 어찌할 줄 몰랐다. 불과 며칠 전 남의 시끄러운 행동에는 그토록 화를 내놓고, 이 무슨 추태인가. 남에게는 엄하고 자신에게는 한없이 너그러운 구제불능 아줌마의 전형이었다.

나는 깊이 반성함과 동시에 감동을 받았다. 그 청년의 야단치는 방법이 매우 깔끔하고 멋졌기 때문이다. 이렇게 스마트하게 혼나면 오히려 감사하고 싶어진다. 아 참, 감사가 아니라 반성이지. "그땐 죄송했습니다."

○●○
문자가 아니라
숫자로 혼을 낸다

같은 행동을 하거나 비슷한 방식으로 업무를 처리했는데, 지난번에는 못 본 척 넘어가고 오늘은 심하게 혼을 내는 것은 옳지 않습니다. 일관성 없이 혼내는 것은 상대에게 혼란을 주거나 자신의 잘못된 행동이 무엇인지 인식하지 못하게 합니다. 혼을 낼 때에는 명확한 규칙이 있어야 합니다.

혼이 난다는 부정적인 상황을 직원이 인정하고 동의하기 위해서는 객관적인 자료가 있어야 합니다. 추상적이거나 모호한 단어로 혼내는 것이 아니라, 상대방이 무엇을 잘못했는지에 대해 명확하고 객관적인 수치를 근거로 혼을 내야 직원이 자신의 잘못을 이해할 수 있습니다. 리더와 직원 간에는 동일한 현상이나 상황이라고 하더라도 서로가 생각하는 원인이 다를 수 있기 때문입니다.

또 숫자로 혼을 내야 하는 이유는 상황을 감성에만 의지하지 않고, 이성적으로 현상을 구체화하기 위해서입니다. 감정이 격해져 자칫 주관적으로 흘러갈 수 있는 상황에서 '숫자'는 사건이나 상황의 객관성, 투명성, 타당성 등을 높여줍니다.

예를 들어 "자네, 요즘 맨날 지각하네."보다는 "출근기록부를 확인해 보니 10일 근무에 8일을 지각하였군." 식의 대화법이 상대방에게 쉽게 전달되며, 꼬투리 잡는다고 생각하지 않게 합니다.

이처럼 잘못의 범위를 좁히고 구체적으로 숫자로 지적하는 것이 혼을 낼 때의 원칙이 되어, 직원에게 자신의 잘못이 무엇인지 구체적으로 인식하게 함으로써 고쳐야 할 행동을 제시해 줄 수 있기 때문입니다.

칭찬만큼
중요한 것

회사에서 야단치는 일은 오직 남자의 역할이던 시대가 있었다. 가
정에서는 어머니가 아이를 혼내기도 했지만, 효과가 없을 때는 절대
권력자로서 아버지라는 존재가 있었다.

"역시 마지막은 아버지의 한마디야."

이것이 전형적인 가족의 역할 분담으로 인식되었다.

한편 직장에서는 상사가 남성인 경우가 압도적으로 많았다. 혼내
고 주의를 주고 호통치는 일은 으레 남성이 맡기 마련이었다. 그런데

오늘날, 여성의 사회 진출과 더불어 고위직 여성이 꽤 늘었다. 여성 상사가 남성 부하 직원을 혼내야 하는 상황이 많아진 셈이다.

"지금 가장 알고 싶은 건 혼내는 방법이에요."

어느 여성 기업인이 다급한 눈으로 나를 바라보며 말했다. 그녀를 포함해 부하 직원을 둔 여성들과 식사를 한 날이었다.

"잡지에서 칭찬법에 관한 특집도 소개되고 요새는 칭찬하는 기술이 화제지만, 칭찬하기 전에 우선 혼내는 방법이 더 중요하다고 생각해요."

나는 그녀의 이야기에 솔깃했다. 이렇게 말하는 나는 사실 앞에서도 말했듯이 오랫동안 칭찬이 중요하다고 믿어 온 사람 중 하나다. 어릴 때부터 별로 칭찬받아 본 적이 없어 칭찬에 대한 욕구불만이 쌓인 탓도 있지만, 일을 시작하면서 적어도 내가 있던 방송국에서는 부하 직원을 칭찬하는 일이 거의 없었기 때문이다.

상사는 왜 부하 직원을 더 칭찬하지 않는 것일까. 처음 취재 영상을 편집한 디렉터가 자신의 편집 영상에 대한 감상을 듣고 싶어 하는데도 방송을 끝내고 스태프 룸으로 돌아온 그에게 상사가 건네는 말은 "수고했어." 한 마디뿐이었다. 그것도 결과가 좋았을 때의 일이고 결과가 좋지 않은 날에는 수고했다는 말조차 구경하지 못했다. 대신 즉각 쓴소리가 날아온다.

"뭐야! 편집이 엉망이잖아!"

나도 방송 일을 시작한 지 얼마 안 됐을 무렵, 아니 지금도 여전히, 프로그램 속 인터뷰나 취재 테마에 대한 프레젠테이션을 끝내고 대기실로 돌아오면 스태프에게 "수고했습니다."라는 말을 가장 많이 듣는다. 사실 내 편에서는 불안하다. '과연 어땠을까? 제대로 인터뷰했을까? 놓친 질문은 없었나? 게스트 이야기는 재미있었을까?'

참다못해 내가 먼저 물어본다.

"아, 괜찮았어요."

이런 반응은 왠지 씁쓸하다. 뭐가 괜찮았다는 것인지 개운치 않다. 그래서 나는 '좀 더 솔직하게 칭찬하자' 운동을 활발히 추진한 것이다. 칭찬받으면 누구나 기쁘다. 싫은 소리를 하려면 먼저 가볍게 칭찬한 다음이 어떨까. 그러면 쓴소리도 들을 마음이 생길 테고, 고치려는 의욕도 샘솟을 테다. 작은 칭찬이 내일의 활력으로 이어지는 것은 틀림없는 사실이다. 나는 오랫동안 그렇게 믿어왔다. 세상의 분위기도 '칭찬하며 키우는 교육법'이 조금씩 주류가 되는 모습이었다. 바람직한 현상이라며 히죽거리던 차에 앞서 말한 그녀의 이야기를 듣고 놀란 것이다.

"지금은 혼내는 방법이 더 중요해요."

그 여성 기업인은 혼내는 법을 스스로 정했다고 한다.

'혼낼 때는 한 번만. 몇 번씩 집요하게 혼내지 않기.'

상사의 마음가짐이라고나 할까. 그 신념으로 부하 직원과 대치한다. 그러나 막상 대치 상황이 찾아오면 마음속으로 이런 생각이 든다고 한다. '아, 골치 아파. 그리고 왜 이렇게 떨리지.' 야단친 후에는 마음이 불편해 잠들지 못하는 날도 있다고 했다.

나는 그녀의 심정이 십분 이해가 됐다. 나도 어시스턴트가 생기고 나서야 처음으로 혼내는 일이 어렵다는 사실을 실감했다. 빈 병을 거리에 버리는 낯선 젊은이에게 주의를 주던 때와 마찬가지로 나의 부하 직원임에도 어떤 식으로 말해야 좋을지 망설여졌다. 다소 감정적으로 지적한 후에는 마음 한편이 불편하고, 언제 사과할지 고민하며, 한동안 서로에게 냉각기가 필요할 것 같아 일부러 대기실에 틀어박혀 있기도 하고, 밥이라도 사 주면서 어색한 관계를 회복할 계획을 짜는 등 지금도 여전하다.

한 편집자는 어렵게 큰맘 먹고 신입을 혼냈다가 상대가 자기 눈앞에서 울음을 터트렸다고 한다.

"뭘 그런 거 갖고 울어. 다음부터 안 그러면 되지."

조용히 달래는 상사에게 그 신입은 야단맞은 창피함이나 뉘우침 때문이 아니라 여태껏 한 번도 혼나 본 적이 없기 때문에 놀라서 눈물이 나왔다고 했다.

"세상에. 그런 일도 있어요?"

"정말 가관이네요."

그 이야기를 들은 후 앞서 말한 여성 기업인이 이어서 말했다.

그녀는 어느 날 남성 사원에게 왕복 사십여 분 정도 걸리는 곳으로 심부름을 시켰는데 두 시간이 지나도 돌아오지 않더란다. 혹시 사고라도 난 건 아닌지 걱정하고 있던 참에 드디어 그가 돌아왔다.

"왜 이렇게 늦은 거야? 무슨 일이라도 있었어?"

그러자 그는 태연한 표정으로 대답했다.

"점심 먹고 왔어요."

"그러면 가기 전에 스케줄 표에 적어두던가 중간에 전화를 했어야지. 걱정했잖아! 다른 일도 시킬 게 있는데 앞으론 제때제때 연락해."

주의를 주자 그 사원은 하얗게 질린 얼굴로 대꾸했다.

"저 지금 태어나서 처음 야단맞았어요."

요즘은 가정에서도 학교에서도 혼내지 않고 교육시키는 사람이 느는 것일까. 야단맞지 않는 날이 없던 내 어린 시절과 비교하면 믿을 수 없는 세태다. 요즘 부모와 선생님들은 모두 상냥하기만 한 것인지.

남성 부하 직원을 둔 여성 상사들의 친목회는 점점 고조되었다. 이 밖에도 야단쳤더니 일주일 동안 회사에 나오지 않은 신입, 호통 좀 쳤다고 다음 날 사표를 제출한 명문대 출신의 신입, 자신이 야단맞아서도 아니고 옆자리 선배가 혼나는 모습을 보고 회사에 나오지 않는 신입, 지각에 주의하고 힘차게 인사하라고 말했을 뿐인데 출근하지 않는 신입 남성들의 이야기가 쏟아졌다.

아무래도 요새 젊은 사람들은 혼나는 일에 익숙하지 않은 듯싶다. 주의를 받았다고 출근 거부를 할 정도로 의기소침해지는 이야기를 들으면 어떻게 반응해야 할지 막막하다. 어쩌면 나를 포함한 세상 사람들이 칭찬하며 교육하는 방향으로 지나치게 치우친 나머지 잘 혼내고 잘 혼나는 방법을 잊어버린 것은 아닐까.

○ ● ○

전체의 관점에서 부분의 관점으로
이동하며 혼을 낸다

아가와 씨가 요즘은 과거와 비교해 부모나 선생님들로부터 혼나는 일이 익숙하지 않은 것 같다고 했는데, 이는 우리나라도 크게 다르지 않습니다. 직장에서 본인이 혼이 날 만한 행동이나 실수를 했음에도, 그저 혼을 낸 상사를 욕하거나 다음날 출근을 거부해 버리는 경우가 종종 보입니다.

그러나 무조건 잘한다고 칭찬하며 교육하는 것보다 잘못된 부분에 대해서는 잘 혼낼 줄 아는 것이 때로는 더 큰 성장을 위한 진정한 가르침이라고 생각합니다. 그중에서도 부모와 상사, 그리고 아이와 부하 사이에는 관점의 높이가 다릅니다. 관점의 높이에 따라 생각과 행동이 달라질 수 있기 때문에, 부모와 리더는 아이와 직원이 더 넓고 크게 생각하고 행동할 수 있도록 제시하고 일러주는 것이 반드시 필요합니다.

직장의 경우를 예로 들면, 리더는 조직 전체를 조망하는 눈높이에서 방향성을 제시하는 역할을 하지만, 직원은 리더가 원하는 목표를 달성할 수 있도록 과제를 수행하고 실무를 지원하는 역할을 하죠. 그렇기 때문에 직원은 전체 프로젝트보다 자신이 부여받은 과제를 중심으로 사고하기 쉽습니다. 당장 시급한 업무는 협업하여 처리해야 하는 B라는 일인데도, 자신에게 부여된 업무인 A라는 일을 먼저 처리하다 마감 시간을 놓치기 일쑤입니다. 왜 직원들은 이렇게 답답하게 자기중심적으로 일처리를 하는 걸까요? 원인은 크게 두 가지로 볼 수 있습니다.

첫째, 리더가 직원에게 과제를 줄 때 배경과 의도를 제대로 설명해 주지 않아서 그럴 수 있습니다. 직원이 일의 우선순위를 모르거나 협업해야 할 일을 혼자서 처리하는 등 중요한 일이 무엇인지 모를 때에는 역량을 탓하기보다 사전에 목표와 방법에 대한 소통이 이루어진 적이 있었는지를 먼저 생각해 보아야 합니다. 이루어야 할 결과물이 이것이기 때문에 현재 A가 아닌 B를 먼저 수행해야 한다는 타당성을 이해시켜 그들이 일의 우선순위에 대한 올바른 판단을 내릴 수 있도록 도움을 주어야 합니다.

둘째, 직원들은 목표가 무엇인지 알면서 중요하지 않은 일을 먼저 수행할 수도 있습니다. 맡은 업무를 중심으로 자신의 상황과 환경을 바라보기 때문에 조직 전체의 상황을 쉽게 인지하지 못합니다. 마치 숲 속에 있으면 숲이 보이지 않는 이치와 같죠. 일뿐만이 아닙니다. 누구나 어떠한 문제를 해결하려 할 때, 그 안에 속해 있으면 별로 중요하지 않은 요인들로 인해 더 큰 걱정거리가 생기기 마련입니다. 그러나 같은 문제가 친구나 동료의 일이라고 생각해 보십시오. 제삼자의 입장에서 바라보고 해결책을 생각할 때에는 더욱 현명한 판단을 내릴 수 있습니다. 야구경기나 축구경기를 볼 때도 같습니다. 당사자보다 시청자들이 더 훈수를 잘 두는 것은 '능력의 문제'라기보다 '위치의 문제'입니다. 위치가 다르면 관점이 달라져 다르게 보이는 것이죠. 직원 또한 자신이 맡은 일 속에 있기 때문에 일 전체를 보지 못하고 눈앞의 일들만을 보고 판단할 수밖에 없었을 것입니다.

리더들은 직원을 혼내기 전에 그들이 왜 엉뚱한 일을 먼저 처리하고 있었는지 원인을 파악하는 것이 중요합니다. 중요하지 않은 일을 먼저 수행했다는 사실로만 혼을 내면 직원은 또다시 같은 실수를 반복하게 될 것입니다. 리더가 전체적인 시각에서 잘못된 점이 무엇이고, 그 원인은 무엇인지를 지적해줄 수 있어야 직원도 큰 그림을 먼저 그려보고 행동할 수 있게 됩니다.

부하 직원을 혼내는
일곱 가지 방법

내가 막 방송 일을 시작했을 즈음, 나보다 나이가 약간 많던 남자 동료가 이렇게 말한 적이 있다.

"아가와 씨 앞에서 이런 말 하기는 뭐하지만, 역시 여자 직원을 쓰는 건 힘들어요. 여자 직원은 응용력이 없거든요. 일을 시키면 고분고분 잘 듣긴 하지만 시킨 것 이상은 하지 않아요. 예를 들어 빨간 튤립을 사 오라고 했을 때, 만약 꽃집에 빨간 튤립이 없으면 '꽃집에 없었습니다.' 하고 그냥 돌아온다니까요. 다른 꽃집도 돌아보든지 다른 색이라도 사오든지 아님 상사에게 전화해 보든지 해야 되잖아요. 아무튼 임기응변이 한참 부족해요."

1980년대 중반 남녀고용기회균등법이 막 시행된 시기로 남성과 어깨를 나란히 할 여성들의 본격적인 사회진출이 시작되려던 때였다. 나 역시 남존여비 사상을 뿌리 깊게 지니고 있는 아버지 밑에서 자란 탓에 '남자에 비해 여자는 아직 혼자서 일을 맡기는 무리겠구나.' 하며 수긍한 기억이 있다. 그로부터 사반세기가 지난 지금, 그 이야기를 커리어우먼들 앞에서 꺼냈더니 이런 반응이 돌아왔다.

"지금은 남자 사원이 그래요."

예를 들어 사무실에 고객이 방문해 차를 대접해야 할 때 여자 아르바이트생은 바로 눈치채고 탕비실로 달려가지만, 남자 아르바이트생은 가만히 앉아 있는다고 한다. 왜냐면 '계약서에 적혀 있지 않은 일'이니까. 커피 심부름을 시켜도 계약서에 없는 내용이라며 태연히 거절한다.

내가 어안이 벙벙해 있으니 옆에서 누군가가 '일종의 상처받고 싶지 않은 마음의 표현'이라고 분석했다. 즉, 주어진 일을 제대로 하지 못해도 계약서를 방패 삼으면 자신의 정당성을 입증할 수 있다. 그들에게는 무엇보다 체면이 중요하므로 '할 수 없다.'는 사실을 다른 사람에게 들키고 싶어 하지 않는 것이다. 집에서도 학교에서도 고이고

이 자라 상처 받아 본 경험이 많지 않기 때문에 한 번 상처 입으면 회복할 수 없을 정도로 충격이 크다. 그렇기 때문에 상처받는 일에 민감한 것이 아니겠냐는 견해였다.

정말로 어이가 없었다. 아무리 상처받은 경험이 없더라도 험난한 취직 시험을 뚫고 입사했을 테고, 드디어 직장에 몸담게 되었는데 '난생처음 충격적으로 상처 받았다.'는 소리나 하다니. 도대체 지금까지 무엇을 느끼고 어떻게 자라 온 것일까. 회사 측이 느꼈을 당혹감이 십분 헤아려졌다.

대형 은행에 근무하는 한 여성은 부하 직원이 거래처에서 창피를 당하거나 혼나는 일이 없도록 외근하려는 그를 붙잡고 매우 상냥한 목소리로 이렇게 말했다고 한다.

"준비 다 했지? ○○에 대해서 물을 거야. 잘 할 수 있지? 자, 힘내고!"

그렇게 말하며 배웅하는 자신이 마치 "준비물 잘 챙겼지? 숙제는 다 했고? 차 조심해야 돼." 하며 초등학생 아들을 배웅하는 엄마가 된 것 같았다며 힘없이 웃었다.

상처주지 않고 혼내는 조건들

"우리 회사에서 처음 생각해 낸 건 아니지만 이 방법, 꽤 입소문이 났거든요."

최근 잡지 편집장이 된 친한 편집자가 혼내는 비법에 대해 말해 주었다.

"바로 일곱 가지 조건을 지키는 거예요."

"일곱 가지 조건? 그게 뭐예요?"

① 감정적이 되지 않는다

② 이유를 말한다

③ 짧게 말한다

④ 인격이나 성격을 언급하지 않는다

⑤ 남과 비교하지 않는다

⑥ 마음속에 담아두지 않는다

⑦ 개별적으로 혼낸다

이 일곱 가지 조건에 유념하면서 혼내라는 내용이었다. 누가 생각해 낸 건지 모르지만 기발한 아이디어였다. 그런데 같이 듣던 나보다 젊은 여성들이 일제히 웅성거렸다.

"어머, 이유를 말하지 않으면 혼내지 못하는 거예요? 저 어렸을 때만 해도 그런 건 스스로 생각해 보라고 했었는데."

분명히 나도 어린 시절 "가슴에 손을 얹고 생각해 보거라!"라는 말을 들었던 기억이 있다. 그 말은 심했었다. 그렇게 알기 어렵게 말하지 말고 제대로 설명해 주면 좋았을 텐데 말이다. 또 아버지에게 엄청 혼나 엉엉 울고 나면 "뭘 잘못했는지 알겠느냐? 알았다면 말해 보거라."란 말도 자주 들었다. 난 그때 왜 느닷없이 아버지 기분이 나빠지셨는지 도통 알 수 없었다. 할 수 없이 "제가 잘못했어요."라고 말하는 게 내가 생각해 낸 최대한의 '이유'였다.

'남과 비교하지 않는다.'만 봐도 아버지는 나와 오빠를 자주 비교하셨다.

"왜 너는 네 오빠처럼 책을 안 읽는 거냐. 책을 읽지 않으니까 그 모양인 거다."

약속 시간에 늦든 약간 반항적인 태도가 아버지 기분에 거슬리든 어김없이 "너는 네 오빠처럼 책을 안 읽으니까 그렇게 못난 인간이 되는 거다."라고 혼나곤 했다. 실컷 비교를 당했었다.

'감정적이 되지 않는다.'라는 조건에 대해서는 대다수가 그러지 않으려 마음먹어도 감정적이 되고 만다고들 한다. 나도 동감이다. 나 스스로는 감정적이지 않았다고 생각하는데 나도 모르는 사이에 혼내

고 있는 목소리가 바들바들 떨리는 경우가 있다. 까딱하다가는 야단
치는 내가 먼저 울 판이다. 아무래도 내공이 부족한 듯싶다.

또 나 같은 경우에는 한 번 감정적이 되고 나면 그렇게 된 자신이
비참해서 마음속에 담아두고 만다. '마음속에 담지 않는다.'란 결국
뒤끝 없이, 태연하게, 산뜻이 혼내라는 소리일까.

○ ● ○
변연계를 건드리지 말고
신피질로 설득하라

사람들은 상대방이 마음에 안 드는 행동을 하면 일단 화부터
내며 야단치려는 경향이 있습니다. 실제로 직장에서 감정적으
로 부하를 다그치는 상사나, 길에서 아이한테 버럭 고함을 지
르는 부모들을 종종 볼 수 있습니다.

특히 부모들은 아이를 엄격하게 키운다는 핑계로 아이가 잘
못하면 야단부터 칩니다. 부모의 말에 수긍하지 못하거나 투정
을 부리면 부모의 권위에 도전한다 생각하고 더 큰 소리로 혼
을 내는 부모들도 있습니다.

직장이라고 다르지 않습니다. 후배나 직원들이 눈 밖에 나는
일을 하거나 실수를 하면 호통부터 치는 상사들이 많습니다.

심지어는 직원에게 물건을 던지거나 심한 욕설까지 퍼붓는 사람도 있습니다.

이러한 행동을 훈육이라고 표현은 하지만, 냉정하게 말하면 기분에 따른 '감정적 폭행'입니다. 화가 난 상태와 혼내는 것은 엄격히 분리해야 합니다. 자신의 기분이 나쁘고 화가 났다고 해서 상대방의 감정을 건드리는 것은 바람직하지 않을뿐더러, 그로 인한 반항이나 거부감이 발생하기 쉽기 때문에 아무런 도움이 되지 않습니다.

아가와 씨의 지인이 알려준 혼내는 비법 일곱 가지 중에서 첫 번째로 말한 '감정적이 되지 않는다.'처럼 본인의 감정을 다스려야 합니다. 혼을 내는 본인이 감정적이 되어버리면 자연히 감정적인 대화로 흘러가게 되고, 뇌를 구성하는 부분 중에 '변연계'를 건드리게 되어 야단을 치는 사람도 야단을 맞는 사람도 모두 이성적인 사고가 어렵습니다. 상대방이 잘못했을 때 효과적으로 잘 혼내려면 '변연계를 건드리지 말고 신피질로 설득'해야 합니다.

인간의 뇌는 크게 신피질전뇌, 변연계중뇌, 뇌간후뇌이라는 세 개 부위로 나눌 수 있습니다. 신피질은 이성을, 변연계는 감정을 주관하고, 뇌간은 생리적 자율기능을 담당합니다. 특히 이 중에서 '변연계'는 인간의 뇌에서 감정과 의사결정을 책임지는 부분으로, 감정적으로 친근하거나 정서적으로 공감대가 형성된 사람의 이야기는 잘 이해하고 수용하는 반면, 상대방이 감정적으로 흥분하거나 화를 내게 되면 아무리 논리적이고 이성적인 이야기를 하더라도 받아들이지 못합니다.

그렇기 때문에 상대를 야단부터 치면, 이후에 이어지는 말들이 아무리 논리적이고 옳다고 하더라도 '변연계'의 작동으로 인해 받아들여지지 않습니다. 성난 어조로 꾸중을 하고 무시한다는 느낌을 주면, 그 즉시 상대방은 변연계에 의해 자신의 감정을 건드린다는 신호를 받고 귀를 닫아버리게 되는 것입니다.

제대로 혼을 내려면 아무리 자신이 화가 나더라도 감정을 추스르고 이성을 담당하는 '신피질'로 상대방을 설득해야 합니다. 그래야 혼내는 사람도, 혼나는 사람도 서로 타당하고 이해할만한 이유 때문이라는 사실을 인지할 수 있습니다.

○●○
딱 3분만 혼을 낸다

혼내는 시간은 적게는 1분, 많게는 2~3분이 적당하다는 의견이 일반적입니다. 꾸짖는 사람을 보면 분을 못 이겨서 장황한 훈계로 이어지는 경우가 많은데, 혼내는 시간을 질질 끌면 잔소리로 들려 그 효과가 반감될 수 있기 때문입니다. 더욱이 시간이 길어지면 논쟁으로도 이어질 수 있으니 유의해야 합니다. 잘못한 부분에 대해서만 그 잘못을 인지할 수 있도록 짧고 분명하게 혼내는 것이 중요합니다. 아가와 씨가 이야기 한 부하 직원을 혼내는 일곱 가지 조건 중에서 '짧게 말한다.'가 바로 이 때문입니다.

짧은 시간 동안 간단명료하게 혼을 내기 위해서는 미리 요점을 정확히 파악하고 어떻게 꾸짖을 것인가를 정리해 두는 과정이 선행되어야 합니다.

저 또한 일을 제대로 못 한 직원에게 긴 시간 동안 꾸중을 해본 적이 있습니다. 핵심만 짚어 짧고 효과적으로 혼을 내겠다는 결심을 하지만, 막상 마주앉으면 갑자기 하고 싶은 말들이 왜 그리 잔뜩 떠오르는지 참지 못하고 길게 꾸짖었습니다. 일하는 과정에서 마음에 들지 않았던 작은 부분들까지도 모두 말해버렸습니다.

꾸중을 듣는 초반에는 자신이 잘못한 점을 어느 정도 인지하고 저랑 마주앉았기 때문에 긴장을 하고 제 말을 경청했습니다. 그러나 시간이 지나면서 직원의 태도나 눈빛을 보니 점점 지루해하며 제 말을 한 귀로 듣고 한 귀로 흘려버리는 것 같더군요.

그 후부터는 최대한 짧게 혼내려고 노력합니다. 길게 혼낼 때 직원의 집중도가 떨어지는 것도 문제지만, 시간이라는 한정된 자원을 불필요한 소모전에 사용하기에 너무 아깝다는 생각도 듭니다. 시간은 한 번 흘러가면 절대 되돌릴 수 없기 때문에 혼내는 시간도 효율적으로 사용해야 합니다.

일본 호리바제작소 회장 호리바 마사오는 "나는 3분을 야단치기 위해 3시간 동안 고민한다. 야단이나 꾸중에는 분명히 의욕 저하와 함께 생산성의 저하가 있다. 그래서 야단치는 사람은 신중해야 하고, 3시간을 투자할 정도의 열정이 있어야 한다. 이것이 바로 꾸중이다."라고 말한 바 있습니다.

혼내기 전에는 무엇 때문에 혼내려는 것인지, 어떻게 꾸짖는 것이 효과적인 방법인지에 대해 미리 고민하여 준비하는 자세가 필요합니다. 그래야 혼을 낼 때 짧게 말할 수 있고 상대방에게도 메시지가 분명하게 전달되기 때문입니다.

3초, 5초 쉬어가며
혼을 낸다

상대방이 잘못했을 때 효과적으로 혼내려면 '변연계를 건드리지 말고 신피질로 설득하라.'고 앞서 이야기했습니다. 여기서 핵심은, 리더가 감정적으로 흥분하거나 화를 내게 되면 아무리 논리적이고 이성적인 이야기를 하더라도 직원이 받아들이지 못한다는 것이었습니다. 인간의 신체적인 특징이 이러하니 아무리 화가 나더라도 감정을 추스르고 이성적으로 상대를 설득하는 것이 옳게 혼내는 방법이라는 사실을 이해하셨을 것입니다.

그러나 간혹 리더들은 혼을 내면서 화가 더 치밀어 올라 상대를 끝까지 몰아붙일 때가 있습니다. 흔히 감정 폭발이 일어나 주체하지 못하는 상황이 벌어지는 겁니다. 한 번 화가 나면 화를 참기 힘든 이유는 자극이 이성의 뇌를 거치지 않고 바로 감정으로 이어지기 때문입니다.

이성의 뇌를 거치지 않으면 자극에 대한 반응이 빨라져 자신도 생각지 못한 사이 서류를 집어 던지고 고함을 치기도 합니다. 이 반응의 속도는 백만분의 12초라고 하는데 어느 정도로 빠른지 실감도 안 나는 속도입니다. 즉, 1초도 안 되는 시간에

서류를 던지고 책상을 내리치고 고함을 지르는 상황들이 벌어지는 것입니다.

이는 이성의 뇌가 참여하지 않아 스스로 감정 조절이 힘들기 때문입니다. 실제로 인간이 저지르는 우발적인 범죄들도 이와 유사한 경로를 거치게 된다고 합니다. 화가 치밀어 오르더라도 무작정 자신의 감정을 내세우지 말고, 초반에는 3초, 중후반에는 5초간 쉬어가면서 마음을 안정시킬 필요가 있습니다.

군대에서 받는 훈련 중에 90도 가까운 암벽을 올라야 하는 산악기술 훈련이라는 것이 있습니다. 많은 훈련병들이 넘치는 의욕으로 무작정 오르려다가 힘이 빠져 더는 오르지 못하고 온 몸이 후들거리는 순간이 옵니다. 그 때, 아래에 있던 조교가 3~5초 정도 쉴 수 있도록 지도를 해 줍니다. 선임의 구령에 맞춰 중간 중간 휴식을 취하면 마음의 안정을 되찾고 무사히 훈련을 마칠 수 있다고 합니다.

그러나 만약 조교가 힘들어 하는 훈련병들을 몰아세우며 "뭐하는 거야? 더 빨리 오르지 못해? 혼나봐야 정신 차리겠어?"라는 식으로 계속 화를 낸다면, 중도에 포기하는 훈련병이 더 많을 것입니다.

'욱'하는 시기를 반사기라고 합니다. 화가 치밀어 오를 때는 천성적 경험을 바탕에 둔 자율신경이 반사적으로 반응하기 때문에 이를 당장 제지할 방법이 없습니다. 다만 숫자를 세면서 천천히 호흡하면 반사 반응을 억제하는 시간을 끌면서 신경을 안정시킬 수는 있습니다. 3초, 5초는 지극히 짧은 순간이지만 마음의 안정을 찾기에는 충분히 가능한 시간입니다. 따라서 야단칠 때에는 현재 자신의 감정이 어떠한지 각성하고 흥분했거나 화가 났다면 3초에서 5초씩 잠시 쉬어갈 수 있었으면 합니다.

혼을 내는
장소

여성 상사뿐 아니라 남성 상사도 부하 직원을 야단치는 일에 고민이 많은 것 같다. 내가 아는 한 남성 부장은 부하 직원을 혼낼 때 '개별적으로 혼낸다.'를 염두하고 다른 사원들 앞에서는 큰소리 내지 않도록 신경 쓴다고 말했다.

그는 회의실로 따로 불러 천천히 부드럽게 묻는다.

"○○은 왜 하지 않은 거지?"

힐난조가 아니라 타이르듯 "○○ 하지 않으면 안 되잖아."라고 말하지만, 다른 회사의 중간관리직 남성에게 물어보니 이런 반응이 돌아왔다.

"여성 사원을 혼낸다고 개별적으로 부르면 큰일 나요. 잘못하다가는 성희롱으로 몰릴 수 있거든요."

그럼 어떻게 해야 하는 걸까. 이 문제에 대해선 조금 뒤에 이야기하고 우선 앞서 말한 부드럽게 야단치기로 마음먹은 부장에게 신입 시절 혼나던 방법에 대해 물어보았다.

"그땐 엄청났어요."

지금으로부터 20여 년 전 자신이 생각해도 건방진 신입이던 시절에 하루는 시비 거는 걸로 유명했던 선배에게 회사 근처 선술집으로 불려 나갔다고 한다.

"이 건방진 녀석!"

선배는 느닷없이 멱살을 잡았다. 그러나 건방진 신입은 울지도 떨지도 않고 감정을 조절하며 그 자리를 무사히 넘겼다. 그리고 선술집을 나갈 때 무서운 선배에게 구십 도로 고개 숙여 인사했다.

"선배님, 오늘 많이 배웠습니다. 감사합니다!"

선배는 깜짝 놀라며 그 후부터는 거래처에 갈 때마다 그를 데리고 다녔다.

"이 녀석 시건방진 데다 한참 부족하지만 지금 열심히 배우고 있는 중입니다.”

정말이지 옛날 남자들의 사회 상하관계를 잘 보여 주는 에피소드다.

예전의 상사나 선배는 혼내는 방법이 다소 막무가내였는지는 모르지만 그만큼 부하 직원과 후배를 살뜰히 챙겼다. 생각해 보면 부하 직원을 혼내는 일이란 사실 성가신 작업이다. 자신의 아들딸도 아닌 젊은이를 야단치고 혼쭐내며 호통친다. 그리고 밥과 술을 사 주면서 격려하고 위로해 준다. 당근과 채찍을 반복하면서 천천히 시간을 들여 제 몫을 다하는 사회인으로 키우는 것이다. 진국이 될 때까지 시간과 정성을 들여 푹 끓이는 곰탕처럼, 얼마나 많은 시간과 노력, 돈이 드는 일인가. 자신의 업무로도 한창 바쁠 나이니 본인 역시 헤매거나 고민하는 일이 있었을 테다. 정말이지 수고스런 작업임이 틀림없다. 과연 옛날 상사들의 마음가짐은 무엇이었을까. 사랑하는 회사를 위해, 연장자로서 책임감, 사회를 풍요롭게 하고픈 기개. 개중에는 분풀이로 부하 직원을 괴롭히는 사람도 있었을 테지만 어찌 됐든 인정 넘치는 시대였다. 그런 '인정'이 이제 성가신 존재가 돼 버리고만 것이리라.

종신고용이 당연시되던 영향도 있었을 것이다. 한 번 회사에 들어가면 정년이 될 때까지 인생의 반 이상을 부하 직원과 상사와 생활하게 된다. 그런 각오로 회사에 다니니, 동료들은 가족과도 같은 존재였다. 혼내고 나무라는 일도 "언젠가는 다 그 녀석에게 도움이 될 거야."라며 형처럼 책임감을 갖고 후배를 지도했다.

그러나 지금은 입사한 회사에서 평생 근무하는 사람이 옛날에 비해 훨씬 적어졌다. 게다가 정규직 인구가 급격히 감소하고 있는 실정이다. 오랜 시간을 걸쳐 가르치고 배우는 관계는 희미해졌다. 그 희미함이 심해진 탓인지, 상사와 부하 직원의 관계뿐 아니라 전반적인 인간관계에서 밀도를 높이려는 분위기가 없다. 엄하게 가르쳤다가는 부하 직원의 잔뜩 풀 죽은 모습을 봐야하고, 성희롱으로 오해받을까 되도록 말을 자제하며, 앞서 말한 부장처럼 다른 사원들 앞에서 야단치면 상처받을까봐 개별적으로 부르는 등 이래저래 신경 써야 하는 모습이다.

부하 직원과 일대일로 술 마시는 일이 금지인 회사도 있다고 한다. 앞에서 언급한 성희롱 문제 때문에 남자 상사가 여자 직원을 혼자 불러내는 일은 '있을 수 없는 일'이 되어 버린 셈이다.

"절대 있을 수 없죠. 만약 그러면 바로 불륜이라고 생각할 걸요."

이렇게 말한 여성 옆에서 또 다른 직장 여성이 말했다.

"그래도 실제로는 부를 거예요. 저녁 식사는 오해받을 위험이 있어서 우리 회사에서는 점심시간을 이용해요."

점심시간이라면 부하 직원도 가벼운 마음으로 응할 수 있겠다 싶었다. 그러나 그것도 횟수가 잦아지면 점심 먹으러 가자는 상사의 말에 "오늘은 ○○ 씨가 혼나는 건가?" 하고 주위의 의심을 받을 위험도 있다. 정말이지 혼내는 일이란 장소도 시간도 표현도 신중히 고르지 않으면 안 되는 힘든 작업이구나 싶다.

업무와 관련된 회식에 대해서는 찬반양론이 있을 거라고 생각한다. 공무원 접대 등이 도를 지나쳐 뇌물수수로까지 이어졌다는 뉴스가 나오던 언젠가부터 회식이 대부분 금지되었다. 그 흐름인지 불경기의 여파 탓인지, 일반 기업의 접대성 회식도 지금은 꽤 자제하는 분위기라고 한다.

공무원 접대와는 다르겠지만 직장 상사가 권하는 "자, 한잔 하러 가지."도 듣자하니 거절하는 부하 직원이 늘었다고 한다. 술에 취한 상사 옆에서 술시중을 들며 싫은 소리를 듣거나 야단맞고 싶지 않고, 혹여 술주정 부리는 상사가 귀찮게 시비라도 건다면 아무리 공짜 밥이라도 즐거울 리 없다. 그런 불쾌한 술자리를 따라갈 바엔 마음 맞는 친구와 만나 마시는 편이 훨씬 즐거우리라. 그러나 상사나 선배와의 술자리는 공짜 밥뿐만 아니라 또 다른 장점이 있다.

자고로 술은 마물이다. 취하면 사람은 변한다. 스스로도 놀랄 만한 행동과 말을 하게 만드는 위험성을 지니고 있다. 어떻게 집에 들어왔는지 희미한 기억으로 이튿날 눈을 뜬다. 지끈지끈 쑤시는 머리를 붙잡고 중얼거린다. '왜 그렇게 마셨을까…….'

그리고 점점 단편적인 기억이 떠오른다. 들뜬 기분에 춤추며 노래한 일, 사장과 회사 욕을 실컷 한 일, 옆 테이블의 모르는 사람에게 아는 척하다 빈축을 산 일, 후배 앞에서 눈물을 보이고 모두에게 위로 받은 일 등 기억하고 싶지 않은 영상이 하나둘씩 되살아난다. 하나씩 떠오를 때마다 한숨이 저절로 나온다. 축 처진 어깨로 출근해 전날 밤 함께 마셨던 동료들과 재회하는 순간, 그 부끄러움이란.

"어젠 내가 과음했지. 자네에게 뭐 실수라도 한 건 없나?"

분명 나 때문에 힘들었을 텐데 전혀 내색하지 않는다.

"아니요. 엄청 재미있었어요. 전 부장님이 그렇게 유쾌한 분이신지 몰랐습니다! 2차까지 전부 부장님이 내시고, 어젠 정말 잘 먹었습니다. 감사합니다!"

'아, 그랬나? 2차도 전부 내가 냈단 말이지?' 지갑 속사정에 불안감을 느끼면서도 기특한 말을 건네준 부하 직원에게 갑자기 애정이 싹튼다. 자신의 추한 모습을 들켜 마음이 불편하면서도 둘 사이에 있던 벽이 조금 무너진 것 같아 기분이 좋다. 새삼 동지애마저 든다. 이젠 점잔 뺄 필요가 없다. '앞으로는 꾸중도 칭찬도 부탁도 전부 진심으로

부딪쳐 보자. 어차피 이 녀석에게 내 약점을 잡혀 버렸잖아.'

반대 경우도 마찬가지다. "부장님, 어제 즐거웠습니다." 하고 냉정히 대답하는 부하 직원도 지금까지 사무실에서는 보인 적 없는 얼굴을 술자리에서 확실히 선보였을 것이다. 그리고 상사는 그런 부하 직원의 말이나 표정, 행동을 취한 상태에서도 확실히 새겨 두었다. 한마디로 격식 차린 양복을 벗어던지고 목욕탕에 들어간 셈이다. 알코올의 힘으로 드러나는 인간의 내면은 의외로 인간관계에서 빼놓을 수 없는 친근감의 씨앗이 될 수 있다.

바로 며칠 전 친한 친구의 회사 회식에 참석한 적이 있었다. 마침 그녀가 이끄는 팀이 어려운 프로젝트를 끝내고 그날 밤 뒤풀이를 한다고 했다.

"사와코도 참석할래?"

그녀에게 용건이 있는 데다 뒤풀이도 재미있을 것 같아 나는 그곳으로 향했다. 선술집의 긴 테이블에 열 명 정도의 젊은 사원들이 그녀를 둘러싸고 앉아 잔을 들고 나를 환영해 주었다. 정규직 사원, 비정규직 사원이 섞여 있었는데 그녀 외에는 대부분 모르는 젊은이들뿐이었다. 아니, 아저씨도 두세 명 끼여 있었다. 그중 한 아저씨와 젊은 사원이 서로 마주보고 앉아 이야기에 열중하고 있었다.

"저쪽 괜찮은 거야? 뭔가 심각해 보이는데."

친구에게 슬쩍 물었다.

"별일 아니야. 모르는 척 해. 자기 실수였다고 철석같이 믿고 있는 걸 아니라고 직속 사수가 차근차근 설명해 주고 있는 거야."

그런 광경 옆에는 어느샌가 빨간 유성펜으로 볼을 칠하고 머리를 헝클린 남자가 앉아 있었다.

"어머, 얼굴 왜 그런 거야?"

"저 녀석 취하면 늘 저래. 몰래 화장실에 가서는 '폭발이 일어나서 요. 큰일 날 뻔했습니다.' 하고 저 얼굴로 돌아와."

곧이어 더 심한 폭발 얼굴을 계획하는 남자가 화장실로 향했다.

"그럼 나도 슬슬 시작해 볼까."

한편 "저런 바보 같은 짓은 못해요." 하며 점잔 빼고 있던 잘생긴 남자 직원이 "너도 하고 와."라는 주위의 부추김에 "아름다우신 아가 와 씨 앞에서는 도저히 창피해서 못하겠어요." 하고 거부하며 혀를 날름 내밀었다.

"이 녀석이 혀를 내밀 때는 본심을 말하지 않거나 딴 생각하고 있다는 증거야. 일 하다가도 혀를 내밀 땐 조심해야 돼."

'아름다우신'이라고 말한 건 본심이 아니었구나. 그래도 동료는 유심히 관찰하고 있는 것이다. 그리고 관찰 결과나 본심은 대개 술자리에서 나온다.

"아니에요!"

남자 직원은 필사적으로 부정했다.

"어, 또 혀 나왔다!"

이틀 연속으로 계속된 야근이 끝나고 혹독한 프로젝트를 완수한 성취감에 팀은 화기애애하면서도 동시에 업무의 사후 보고도 철저히 하는 모습이었다. 이 얼마나 보기 좋은 회식인가. 방관자는 그만 울컥거렸다.

"그럼 아가와 씨와 나는 먼저 갈 테니 나머지는 더 놀도록 해."

팀의 리더인 친구가 계산을 끝내자 이미 취해 있던 젊은 사원들이 일제히 일어나 "감사합니다!" 하고 합창했다. 회사 뒤풀이의 중요성을 새삼 확인한 밤이었다.

○●○
비공개적으로 혼을 낸다

직원을 혼낼 때, 일벌백계一罰百戒를 선호하는 리더들이 많습니다. 한 사람을 벌줌으로써 만인에게 경계가 되도록 한다는 의미인 일벌백계는 한 명의 직원을 공개적으로 강력하게 혼내서,

다른 직원들에게도 본보기가 되도록 하는 것입니다. 누군가가 혼나는 모습을 옆에서 직접 봐야 '나는 저렇게 하지 말아야지.'라고 생각하기 때문에 반면교사反面敎師가 필요하다고 말합니다. 그리고 그때그때 혼내는 것이 아니라 모아뒀다가 한 번에 여러 사람 앞에서 크게 혼내는 것을 더 효과적이라고 생각하는 사람들이 의외로 많습니다. 혼나는 순간 상처는 남겠지만 자존심을 한 번 다치고 나면, 다시는 자존심이 상하지 않도록 스스로 조심할 것이라고 생각해서입니다.

그러나 생각만큼 공개적으로 혼을 내는 것이 효과적인 결과로 이어지지는 않습니다. 여러 사람 앞에서 공개적으로 혼이 나면, 더 깊이 반성하고 자신의 잘못을 뉘우치기보다는 창피와 모욕감을 준다고 생각하여 감정적으로 상처만 되는 경우가 더 큽니다. 자존심을 상하게 하는 꾸중은 리더에 대한 부정적인 감정의 골만 키웁니다. 부모가 여러 사람들 앞에서 공개적으로 혼을 내면 어린 아이도 자존심이 상한다고 하는데, 직장에서 동료나 다른 선후배들 앞에서 혼나는 20,30대 직원들에게는 엄청난 상처가 될 수 있습니다. 그렇기 때문에 아가와 씨가 지적했듯이 직원을 혼내는 일이란 리더에게 성가신 일이기도 합니다. 제 아들딸도 아닌데 이래라저래라 혼을 내는 본인의 마음도 무겁고, 서로의 사이도 한동안 서먹하고 불편해질 테니까요.

그렇다고 해서 직원이 잘못을 해도 못 본 척 눈 감아 주고 넘어갈 수는 없습니다. 회사의 전체 목표 달성은 개인별로 주어진 역할과 책임을 다해야 가능하기 때문입니다. 직원이 잘못한 부분은 따끔하게 지적해 주고 부족한 점이 있다면 분명하게 알려줘야 합니다. 그것이 회사를 위한 일이기도 하고, 직원의 발전적인 미래를 위해서도 반드시 필요합니다.

다만, 직원을 혼내야 할 때는 상황에 맞게 장소를 고려하는 것이 중요합니다. 당사자와 둘만 조용히 이야기할 수 있는 사적인 공간을 마련해 두는 것이 좋습니다. 비공개적인 장소에서 직원을 혼내되, 어떤 내용에 대해서 혼을 내느냐에 따라 장소도 다르게 하는 것이 좋습니다.

첫째, 일상적이거나 업무에 대해 공식적으로 가볍게 혼을 내야 할 경우입니다.

업무와 관련해 바람직하지 않은 업무처리 방식이나 방법에 대해 교정을 할 목적으로 혼을 내는 교정적 피드백의 상황에서는 다른 사람들과 격리된 리더의 방이나 회의실에서 하는 것이 좋습니다. 예를 들면, 리더의 방에 준비된 티 테이블이나 회의실에 마주 앉아 "이 대리, 오늘 아침 회의 때 자료 준비 때문에 시작 시간이 10분 늦춰졌던데, 다음부터는 하루 전날에 미리 준비를 해줬으면 좋겠군."과 같이 피드백을 기술적으로 기분 나쁘지 않게 전하는 것이 바람직합니다.

둘째, 자질이나 행동, 태도에 대해 심각하게 혼을 내야 할 경우입니다.

일을 아무리 잘하더라도 여러 명의 동료와 함께 하는 사회생활에서 지켜야 할 예의나 행동을 무시해서는 안 됩니다. 그러나 이러한 자질·행동·태도에 대해 혼이 나는 것은 직원 입장에서 자존심 문제로 이어질 수가 있습니다. 그래서 식사 장소나 카페같이 사무실 이외의 딱딱하지 않은 공간에서 자연스럽게 하는 것이 좋습니다. 사무실이나 회의실은 리더가 지배하는 공간이기 때문에 아무리 부드럽게 이야기한다고 해도 직원은 불편할 수밖에 없습니다.

심리학자인 프레슬리Pressly와 히세커Heesacker의 〈물리적 환경과 상담: 이론과 연구 리뷰The Physical Environment and Counseling: A Review of Theory and Research〉 논문을 보면 물리적 환경도 대화에 영

향을 줄 수 있다고 합니다. 사람에게 특정 공간의 영향을 받는 공간 심리가 있기 때문에 혼을 낼 때에는 장소를 고려하는 것도 필요합니다.

술자리에서
나오는 본심을
새겨듣는다

　나는 〈부인화보婦人画報〉라는 월간지에서 처음 에세이 연재를 시작했
다. 벌써 30년도 전의 일이다. 에세이가 뭔지도 모르던 나에게 어느
날 편집장이 제안을 해 왔다.

　"에세이 연재 해 보지 않겠어요?"

　어느 카페 안 창가의 작은 테이블에서 마주보며 이야기했던 것이
아직도 선명하다. 마치 맞선이라도 보는 것 같은 어색한 분위기 속에
나는 고개를 숙이고 있었다.

"꼭 아가와 씨에게 부탁하고 싶습니다."

그 목소리가 참으로 매력적이었다. 물론 얼굴도 멋있었지만, 고개를 숙이고 있던 내 이마 주위로 울리는 저음의 미성은 마치 꽃미남 배우에게 눈앞에서 사랑 고백을 듣는 기분에 휩싸이게 했다. 나는 에세이를 쓸 수 있을지 고민도 하기 전에 그 목소리에 이끌리듯 "네." 하고 대답해 버렸다. 승낙은 했지만 막상 무엇을 써야 할지 매번 고민했다. 나의 실수담, 친구의 재밌는 에피소드, 아버지 험담, 어릴 때 추억 등 모든 기억을 끄집어내 소재를 찾았지만 겨우 찾아낸들 금세 바닥을 드러냈다. 애초에 이런 식으로 적어서 에세이라는 형식이 성립될지 불안하기만 했다.

그때는 메일은 물론 팩스도 집에 없었다. 원고를 끝내면(처음에는 손으로 썼지만 곧 워드로 작성했다.) 심야 방송을 하러 가는 도중 잡지사에 들러 담당 편집자에게 건네주었다.

"고맙습니다. 지금 바로 인쇄소에 넘길 테니 그동안 잠깐 꼬치구이 가게에서 기다려 주시겠어요? 편집장님도 계실 거예요."

도심의 뒷골목으로 조금 들어가면 잡지사 직원들이 자주 가는 자그마한 꼬치구이 가게가 있었다. 편집장은 일이 끝나면 거의 그곳에서 한잔 하는 듯했다.

"네, 그럴게요."

가게 문을 열고 들어가니 역시 편집장이 카운터 앞에 앉아 술을 마시고 있었다.

"어, 아가와 씨!"

방긋 웃더니 두근거리게 하는 목소리로 내게 자리를 권했다.

"연재 내용 좋던데요. 재미있어요!"

저음의 미성이 가게 안을 울렸다.

"정말요?"

나는 기뻐 술병을 들고 편집장에게 한 잔 따라주었다.

"아, 고맙습니다. 아가와 씨도 한 잔 받으세요."

"전 괜찮아요. 이따가 일하러 가야 하거든요."

생방송을 앞두고 술을 마실 수는 없었다. 술 대신 음료수를 주문해 꼬치구이를 한 개 두 개 집어먹으며 편집장과 기분 좋게 이야기를 나눴다. 주거니 받거니가 아니라 주거니 주거니 하면서 담당 편집자를 기다렸지만 좀처럼 나타나지 않았다.

"늦네."

"그러게요. 전 이제 슬슬 일어나야 할 것 같아요."

손목시계를 쳐다보며 서두르기 시작하는데 천천히 저음의 미성이 들려왔다.

"에세이는 일기가 아니에요!"

"네?"

깜짝 놀라 쳐다보니 편집장의 눈이 다소 취해 있었다. 아까는 분명 재미있다고 칭찬해 주지 않았냐며 따지고 싶었지만 그럴 틈도 없이 강한 어조로 편집장이 말을 이었다.

"에세이는 일기와 다르다고요!"

그때 드디어 편집자가 도착했다.

"많이 기다리셨죠. 죄송합니다. 아가와 씨 이제 방송국에 가셔야 하죠?"

편집자가 당황해하는 나를 가게 밖으로 데리고 나가 더는 잔소리를 듣지 않았지만 꽤 충격이었다.

'술을 마시면 본심이 나오는구나. 그럼 지금까지 맨 정신에 한 말은 모두 인사치레였단 말인가?'

그 일을 계기로 나는 에세이에 대해 전보다 조금은 신중히 생각하게 되었다. '에세이는 일기와 다르다. 아무리 테마가 일기와 같더라도 일기와는 다른 무언가가 없으면 독자들에게 보여줄 상품이 될 수 없다. 에세이는 일기가 아니야!'

나는 편집장의 말을 가슴에 새기고 에세이를 쓰다가 벽에 부딪칠 때마다 떠올렸다. 동시에 그날 술에 취한 편집장의 얼굴도 떠올라 나도 모르게 웃음이 터졌다.

술이란 사람을 변하게 한다는 점에서 흥미롭다. 그리고 본심을 들을 수 있는 절호의 기회도 만들어 준다. 물론 과음해서 남에게 불쾌감을 준다면 본전도 못 찾겠지만, 귀엽게 봐 줄 정도에서 그친다면 분명 사무실에서는 알 수 없던 신선한 발견이 있을 것이다.

정답을
찾지 않는다

"요즘 사람들은 모르는 것이 나오면 바로바로 찾아본다니까요."

한 풍자만화가를 만났을 때 그가 했던 말이다. 지금은 사전을 뒤지지 않아도 휴대전화로 그 자리에서 바로 검색할 수 있다. 편안한 세상이 되었다고 대꾸했더니 그가 이렇게 반응했다.

"난 그게 싫어요."

어느 날 그는 아내와 대화를 나눴다.

"그러고 보니 미즈노에 타키코'타키'라는 애칭으로 1930,40년대 국민적 인기를 끈 탤런트

죽었나?"

"글쎄, 죽지 않았을까."

"아직 살아 있지 않을까. 죽었다는 뉴스를 본 적이 없는데."

"그래도 요새 조용한 거 보면……."

대화를 나누는 사이 자연스레 화제가 옮겨 갔다.

"그리고 보니 제스처라는 퀴즈 프로그램을 자주 봤었지. 타키가 여성팀 리더였잖아. 그 프로그램 참 재미있었는데."

"맞아, 타키가 미우라 가즈요시의 고모였지? 그 사건은 어떻게 됐었나?"

이런 식으로 화제가 확대되어 갔다.

며칠 뒤 그의 집에 젊은 편집자가 찾아왔다.

"타키가 죽었는지 살았는지를 놓고 집사람과 한참 얘기했잖아. 나는 아직 살아있을 거 같은데."

그 이야기를 꺼내자 편집자는 바로 휴대전화를 보며 말했다.

"아, 죽었네요."

그는 분개했다고 한다.

"원래 답을 모를 때가 재미있는 거예요. 모처럼 집사람이랑 신나게 얘기하고 있는데 답을 알면 그걸로 얘기가 끝나버리잖아요. 더는 할 얘기가 없어진다고요."

고개가 끄덕여졌다. 결론은 어찌 되든 상관없다. 결론을 찾는 시간과 과정이 중요한 것이다. 이렇다 저렇다, 아니다, 그럴 거다 하며 머리를 짜내고 그 과정에서 관계있는 일, 없는 일을 마구 떠올리며 새로운 이야기로 발전시켜 가는 과정이 즐거운 법이다. 술자리에서 나누는 대화도 마찬가지다.

"타키 하니까 생각났는데 왜 미국 사람들은 추수감사절에 터키^{칠면조}를 먹는 걸까? 정말 미국 사람이면 모두 먹나?"

"아마도 그렇지 않을까?"

"그런데 크리스마스 때는 닭고기를 먹잖아. 크리스마스가 더 큰 기념일 아니야?"

"예수님이 태어난 날이니 세계적으로는 크리스마스가 더 크겠지."

"근데 연말에 베토벤 교향곡 9번을 연주하는 데는 일본뿐인가?"

"아, 그랬구나."

"뭐가?"

"그게 궁금했거든."

"근데 무슨 얘기하고 있었지?"

"타키가 죽었나 살았나 그 얘기하고 있었잖아."

"아, 그렇지. 살아 있지 않을까?"

"죽지 않았을까?"

이런 식으로 누구도 무엇도 밝혀지지 않은 채 이야기는 주절주절 이어지는 것이다.

예전 와다 마코토인기 일러스트레이터. 무라카미 하루키의 《재즈 에세이》에서 삽화를 담당 씨가 회식을 하고 들어와 마중 나온 아내에게 술자리에 대한 감상을 말하더란다.

"아, 오늘 진짜 재밌었어. 배꼽 빠지게 웃었네."

"뭐가 그리 재미있었는데? 누가 무슨 재밌는 얘기라도 했어?"

무슨 이야기인지 궁금해진 아내가 남편에게 물었다.

"글쎄, 하나도 기억이 안 나는데 엄청 재밌었다고 하더라고요."

나는 그 이야기를 듣고 웃음을 터트렸다. 아무 기억이 나지 않지만 무척 재미있던 술자리란 정말로 즐거운 술자리이지 않았을까. 이렇듯 즐거운 대화란 정답을 찾기 위한 것만은 아니다.

○●○ 왜 그랬는지 상대방의 이유도 듣는다

우리는 상대가 저지른 실수나 잘못에 대해 왜 그랬는지 별로 궁금해 하지 않는 편입니다. 특히 직장에서 직원이 잘했느냐, 잘못했느냐를 판단하는 잣대는 리더의 고유 권한이라고 생각합니다. 그래서 혼을 낼 때도 리더가 일방적으로 직원에게 큰 소리 치거나 훈계하는 것으로 끝나는 경우가 많습니다. 평소 그 사람의 생활태도나 여러 요인들을 꾸준히 지켜본 리더 자신이 누구보다 잘 알고 있다고 착각해 쉽게 판단하거나 단정 지으려 하기 때문입니다.

리더가 보기에는 그 행동이 잘못한 것으로 보였을 수 있지만, 직원에게는 나름의 이유와 피치 못할 사정이 있었을 수도 있습니다. 그렇기 때문에 밖으로 드러난 결과만을 두고 자신의 관점에서 일방적으로 혼을 내는 것은 바람직하지 않습니다. 당사자에게 왜 그런 행동을 했는지 물어보고 그 다음에 잘못된 행동에 대한 리더의 생각을 말해 주어도 늦지 않습니다.

리더의 눈에는 좀 부족해 보이지만, 치열한 경쟁을 뚫고 다른 사람들의 인정을 받고 들어온 핵심 인재들입니다. 자신의 일에 대해 생각 없이 의사결정을 하는 직원은 매우 드뭅니다. 실수나 잘못을 했다면 그들 나름대로 그렇게 할 수밖에 없던 이유가 있었을 것입니다. 다짜고짜 잘못을 지적하고 훈계하기보다는 왜 그렇게 했는지 생각을 들어보는 것이 양방향 소통입니다. 이렇게 리더가 먼저 직원을 이해하는 모습을 보여준다면 대화가 훨씬 더 생산적인 방향으로 흘러갈 수 있습니다.

직원의 생각을 들어보기 위해서는 질문을 적절하게 사용할 줄 아는 것이 매우 중요합니다. 따지거나 테스트하기 위한 일명 '간보기' 질문은 그 일을 왜 그렇게 했는지 이유를 허심탄회하게 말하게 하는 데 좋은 방법이 아닙니다. 예를 들어 "왜 프로젝트를 마감기한까지 달성하지 못했나?"라고 물으면 직원은 방어적으로 대답할 수밖에 없겠죠. "프로젝트가 제 날짜에 끝내기 어려울 것 같던데 내가 모르는 어떤 어려움이 있었나?"라고 질문하면 자신의 어려움을 헤아려 준다고 생각하여 솔직히 응답할 가능성이 높아집니다.

직원의 마음을 움직이기 위해서는 리더의 경험담을 들려주는 것도 좋습니다. 성공 사례는 가뜩이나 실수하여 의기소침해진 직원의 기를 죽이고 '내가 너만 할 때는 너보다 훨씬 더 일을 잘했어.'라는 느낌을 줄 수 있기 때문에 리더의 실패 사례가 더 효과적일 수 있습니다. '리더도 나와 같은 실수를 했었구나. 잘 해결하고 현재 팀장까지 되셨네. 나도 잘 해 봐야겠다.'라는 생각을 들게 하기 때문입니다.

사람은 누구나 마음의 평정을 깨뜨리는 사건들이 일어나면 불안을 느낍니다. 이 때 자아는 마음의 평정을 회복하려고 노력하는데 이것을 방어기제^{Defense Mechanism}라고 부릅니다. 혼나는 상황에 대한 불안으로부터 무의식적으로 자신을 보호하려는 직원의 마음에 리더의 실패 경험담이 공감대를 형성하여 마음의 문을 여는 데 효과적일 것입니다.

문제를 다그치는 자리로만 끝내지 마십시오. 리더가 먼저 마음을 열고 실수를 한 직원이 왜 그랬는지 그 이유와 앞뒤 정황을 경청할 줄 아는 배려와 노력이 필요합니다. 그러면 서로의 마음이 가까워지고 훨씬 쉽게 소통하고 팀워크를 발휘할 수 있을 것입니다. 이것이 전부, 더 크게 성장하는 직원들과 더 탁월한 성과를 창출하는 팀이 되는 과정입니다. 마치 아가와 씨가 중요하다고 이야기한 "결론을 찾는 시간과 과정"과 같은 맥락이라고 생각합니다.

직원의 솔직한 어려움을 듣는 것은 앞으로의 업무 진행에서 장애요인을 제거할 수 있는 굉장히 중요한 일입니다. 리더의 의견을 어필하기 전에 직원의 이유를 반드시 먼저 들을 수 있는 여유가 필요합니다.

진짜 싫어하면
혼내지 않는다

남녀고용기회균등법이 시행된 직후 도시 은행에 입사한 한 여성은 거래처에서 괴로운 경험을 했다고 한다. 당시는 여성 은행원이 주로 사무 업무에 배속되던 시절이라 영업을 담당하는 여성은 드물었다.

"왜 담당이 여자입니까? 우리 회사를 너무 가볍게 본 거 아니에요? 지난번 다른 은행에서도 처음 여자 담당자가 왔지만 남자로 바꿔 달라고 했습니다."

거래처에서 이런 말을 들은 그녀는 풀이 잔뜩 죽어 은행으로 돌아왔다. 역시 남자 담당자로 바꾸는 편이 좋지 않을까 싶어 상사에게 건의했다.

"걱정 말게. 지금 거래처에 '이 담당자여서 다행이었다.'고 생각하게 하는 게 자네 역할이니까."

상사의 말이 맞았다. 그때 그녀는 마음을 고쳐먹었다. 심통을 부린다면 맞서 주리라. 그리고 다음 날부터 최신 금융정보와 새로운 형태의 보험 상품을 밤새워 외운 뒤 줄기차게 그 거래처로 찾아가 성심성의껏 설명했다고 한다. 그랬더니 상대방도 서서히 마음을 열고 이야기를 들어주면서 어느 날부터는 그녀가 찾아오는 것을 내심 기다리기 시작했다. 이게 바로 영업의 묘미구나. 커다란 성취감을 맛본 후부터는 무서운 손님을 상대하는 일이 전혀 힘들지 않게 되었다고 한다.

"무슨 생각하고 있는지 도통 알 수 없는 사람보다 불만을 솔직히 얘기하고 화내는 손님이 전 더 편해요."

방송국에서 근무하는 베테랑 보도 기자도 신입 시절 선배에게 무섭게 지도받았다는 이야기를 했다.

"취재거리가 생기면 밤낮을 가리지 않고 돌아다니다 보니 잠이 모자라서 좀 휘청거린 적이 있었거든요. 그랬더니 빨리 걸으라며 걷어차이는 바람에 고꾸라져 코피가 났었죠."

보도 업무가 여자라고 봐주지 않는 혹독한 현장이란 것은 알고 있었지만 그런 일까지 있었을 줄은 상상도 못했다. 차마 여기선 밝힐 수 없을 정도의 폭력적인 처사도 있었다지만, 그때 그녀는 마음속으로 이렇게 생각했다.

"내가 특종만 잡으면 보란 듯이 되갚아 줄 테다!"

그리고 노력 끝에 특종을 잡은 순간 '이게 다 그때 혼나고 깨진 덕분이구나.' 하고 선배들의 마음을 이해하게 되었다고 한다. 그런 가혹한 경험을 한 그녀가 지금 부하 직원 때문에 고민에 빠져 있다.

"부하 직원이 일을 잘못하면 그 뒤치다꺼리는 내 몫이고요. 나도 피곤해 죽겠는데 잘 되라고 겨우 힘들게 야단치면 괴롭힌다는 등 직권남용이라는 등 그런 소리나 듣고. 난 회사에서 사감선생 취급이라니까요. 이럴 바엔 일절 혼내지 않고 뭘 잘못하든 괜찮다고 하면서 처음부터 내가 전부 처리하는 게 더 편해요. 그러나 그렇게 하면 부하 직원은 제대로 크지도 못할뿐더러 기고만장해지고 막판엔 조직 전체가 약해지고 말테니 또 그럴 순 없죠. 결국 내가 사감선생 취급을 받을 수밖에요. 가망성이 없는 녀석은 혼내지도 않아요. 기대가 있으니 혼낸다는 사실을 그 녀석들은 모른다니까요."

늠름한 여자 상사의 이런 속마음은 보이지 않는다. 무서운 상사도 사실 힘들어 하고 있다는 사실을 그 밑에서 혼나고 있을 때는 모르는 법이다. 나에게도 비슷한 경험이 있다. 앞에서도 말한 TV 정보 프로그램을 할 때, 보스가 너무 무서워 자주 울곤 했다. 보스가 돌아가면 주위의 스태프와 프로듀서가 위로해 주었지만 나는 불행의 구렁텅이 속이었다.

"어차피 프로그램에 도움도 안 되고 보스한테는 미운털이나 박히고. 난 쓸모없는 인간이에요. 아, 그만두고 싶어!"

내가 이렇게 말하자 옆에 있던 프로듀서가 조용히 내뱉은 말이 아직도 생생히 기억난다.

"진짜 싫어하면 혼내지도 않아요."

동료 사이에서 '어머니'라고 불리던 중년의 계시원도 내게 이런 말을 했었다.

"혼날 때가 행복한 법이야. 더는 키울 보람이 없다고 생각하면 혼내 주지도 않는다고."

얼마나 멋진가. 자신도 그런 경험을 했기 때문에 할 수 있는 말이리라. 위로해 주는 동료들에게는 감사했지만 솔직히 당시엔 '혼내 줘서 고맙다.'는 마음은 좀처럼 들지 않았다. 그러나 괴로움도 때가 지나면 잊히는 법. 무서웠던 기억이 가물가물해진 지금이 돼서야 선배 해설자의 고마움과 고생을 새삼 실감한다.

생각해 보면 곧잘 야단맞곤 했다.

"TV에 나온다고 우쭐대지 마!"

"상대가 말한 내용만 듣고 취재가 끝났다고 착각하지 마. 그런 일은 초등학생도 할 수 있어!"

"이쪽에서 원하는 이야기를 듣지 못하면 그 자리에서 취재 내용을 근본부터 재구성하도록. 그리고 다른 흥미로운 이야기도 최소한 하나는 얻어 와."

"상대방 주장을 들을 때는 그 사람이 어느 입장에서 발언하는지, 누구에게 월급을 받는 처지인지 생각하면서 들어. '지당하신 말씀입니다.' 하며 간단히 감동받고 돌아오지 말라고!"

"업계 용어나 전문 용어를 사용하면서 아는 척 하지 말라고 했지. 항상 유치원생도 알 수 있는 비유를 하란 말이야."

"구구하게 설명이 길잖아! 할머니 오줌도 아니고."

할머니 오줌이라는 비유가 전혀 와 닿지 않던 내 젊은 시절의 이야기였다.

○ ● ○
앞으로 기대하는 바람직한
행동을 알려 준다

리더가 직원의 잘못에 대해 혼을 내는 자체는 과거나 현재에 발생한 문제점 때문입니다. 그 원인과 결과에 대해 주의를 주고 앞으로 동일한 문제가 발생하지 않도록 하는 것이 목적입니다. 그러나 문제가 발생한 후에 직원을 혼내는 것은 '소 잃고 외양간을 고치는 것'과 같은 맥락입니다. 비록 소는 잃었더라도 외양간을 튼튼히 고쳐놓아야 다음에 다시 같은 종류의 문제가 발생하지 않는 법인데, 여전히 직장에서 비슷한 실수를 반복하는 직장인들이 많습니다.

직원이 같은 실수를 반복하지 않도록 하기 위해서는, 평상시 업무를 수행하는 과정에서 어떠한 판단 기준으로 생각하고 행동하는 것이 옳은가를 미리 알려줄 수 있는 가이드라인이 필요합니다.

과거 문제가 발생했던 동일한 환경이나 현상을 재차 설명하는 것보다는, 오히려 미래에 회사가 지향하는 비전이나 달성하려는 목표를 중심으로 생각과 행동을 어떻게 해야 할 것인지 구체적으로 계획하게 하는 것이 중요합니다. 맡은 업무가 회사의 비전에 어떤 영향을 미칠지, 성과를 내기 위해 직원이 구체적으로 어떤 부분에 기여해야 하며 어떠한 역량이 필요한지, 앞으로 어떤 행동을 하는 것이 긍정적인지를 알려줘야 합니다.

그리고 혼이 나서 의기소침해진 직원에게 다시 한 번 도전의 기회를 주는 것도 좋은 방법입니다. 눈앞의 결과가 다소 성에 차지 않더라도 경험을 통해 배우도록 기다려줄 수 있는 것도 리더의 자질 중 하나입니다. 무조건 맡겨만 놓고 방임하지 말고, 적절한 코칭과 피드백으로 가이드라인을 제시해 주며 직원의 성장을 지켜보는 것이 바람직합니다.

직원들도 사람이기 때문에 다른 사람으로부터 인정과 존중을 받고 싶어 하는 본능적인 욕구가 있습니다. 그래서 자신의 잘못을 뉘우치고 리더의 코칭에 따라 지속적으로 개선하고 조직에 도움이 되는 행동의 변화를 모색하려고 할 것입니다. 리더는 그러한 변화를 감지하고 반드시 적절한 피드백을 해 주어야 합니다. 많은 리더들이 놓치고 있는 점입니다. '혼나고 나니 달라졌네. 정신 차렸네.' 등 마음속으로만 뿌듯해 하지 말고 노력하는 직원에게 진심으로 따뜻한 말 한마디와 칭찬을 건네 보세요. 인정받고 있다는 생각은 동기 유발이 되어 일에서 성과를 보여 주기 위해 최선을 다할 것입니다.

칭찬을 할 때에도 객관적인 사실을 바탕으로 근거를 두고 하는 것을 잊지 마세요. "~한 자네의 업무 개선은 ~한 결과를 가져다 주었으며 목표 달성에 큰 힘이 되고 있네. 고맙네."라고 해야 하는 것이죠. 칭찬하는 것도 어려운데 뭐가 이리 복잡하냐고 생각할 수도 있지만 막연하게 "잘했어!"보다는 어떤 점을 잘했는지 구체적으로 알려 주어야 직원의 실질적인 성장에 도움이 됩니다. 리더의 피드백으로 직원들은 혼난 기억을 귀한 시간으로 깨닫고 자신의 성장 기회로 만들어 나갈 것입니다.

부모는
미움 받는 존재라고
생각한다

　지금은 독설로도 유명한 가수를 인터뷰했었다. 인터뷰 도중 아버지 이야기가 나왔다. 목수였던 아버지는 모든 일에 늘 화를 냈다고 한다. "엄청 무서우셨어요." 하고 지금은 누구보다 무섭기로 유명한 그가 말했다.

　"시끄러! 네 잘못이야!"

　이유도 모른 채 불호령을 받는 일이 다반사였다. 그러다 요즘 '자식에게 미움 받고 싶지 않은 부모' 이야기가 나왔다.

"그러니까 안 되는 거예요! 부모란 원래 미움 받는 동물입니다. 미움 받을까 전전긍긍해서 무슨 애 교육을 시켜요!"

부모는 원래 억지를 부리는 동물이다. 오늘은 괜찮다고 하더니 다음 날이 되면 안 된다고 한다. 아이는 혼란스럽지만 부모 말을 따르지 않으면 밥을 먹을 수 없고 따뜻한 방에서 잠을 잘 수도 없다. 불합리하다고 생각하면서도 그 안에서 살아남을 방법을 익히는 것이 아이의 일이라고 그는 말했다.

"그런데 요새 부모는 너무 완벽을 추구해요. 완벽한 부모가 되지 않으면 큰일이라도 날 것처럼 군다니까요."

부모도 인간이다. 그렇게 완벽하고 멋질 수만은 없다. 자신감도 없고 헤매기도 한다.

"아버지 말은 앞뒤가 맞지 않아요."

"부모가 아니라면 아닌 거지. 어디서 말대꾸야!"

옛날에는 억울하게 혼난 아이의 슬픔을 받아 줄 다른 가족이 있었다. 엄마이기도 했고, 할머니이기도 했으며, 때로는 형제이기도 했다. 역할 분담이 가정 안에 확실하게 존재했기 때문에 아이는 부모의 억지에도 어떻게든 견딜 수 있었다. 그러나 핵가족화가 되면서 부모는 무서운 역할과 따뜻한 역할 모두를 짊어져야 했다. 이렇게 되면 무작정 혼낸 후 내버려둘 수 없고 좁은 집 안에서 아이와 험악한 관계를 지속하기도 불편하다. 우선 자신이 비참해진다. 그래서 아이에게 미움 받지 않고 혼낼 수 있는 방법을 궁리하게 된 것이리라.

"자식이 부모를 싫어하는 건 당연한 거예요."

이 말을 한 사람은 각본가 오오이시 시즈카⟨퍼스트 러브⟩, ⟨4개의 거짓말⟩ 등의 작품을 쓴 인기 중견작가이며 한국 영화 ⟨내 눈에 콩깍지⟩에서 각본을 맡기도 함 씨다.

"부모 잔소리 덕에 아이가 얼른 독립하고 싶어지는 거예요. 아이에게 자립심을 키워 주려면 부모는 미움 받는 존재가 돼야 해요."

맞는 말이다. 부모가 상냥하며 뭐든지 다 들어주고, 부모와 사는 것이 더없이 편하다면 집에서 나가고 싶다는 생각이 들지 않을 것이다. 아무리 늦게 들어와도 꾸짖지 않고 늦잠을 자도 나무라지 않는 데다 맛있는 밥도 만들어 주고 청소와 빨래도 해 주며 경제적 지원도 아끼지 않는다. 버는 돈은 모조리 자신의 용돈으로 쓰면 된다. 그런 부모 밑에 있다면 귀찮은 연애나 이래저래 간섭하는 고집불통 애인과의 결혼은 가능한 미루고 싶을 테다.

"하하하, 그래서 아가와 씨 결혼하지 않으신 거예요? 부모님이랑 사는 게 편해서요?"

이렇게 생각하면 곤란하다. 결코 그렇지 않다…….

"앉아 있기만 하면 돼요."

나는 어릴 때부터 유달리 화를 잘 내는 아버지 곁을 떠나 호통이 끊이지 않는 생활에서 하루라도 빨리 해방되고픈 간절한 소망을 품었다. 그렇다고 아무 재능도 능력도 없는 내가 취직할 수 있으리라는 생각은 하지 못했다. 일을 한다고 해도 결혼 전 잠시 거치는 정도였다. 그렇게 어정쩡하게 취직을 할 바엔 차라리 얼른 시집가고 싶었다. 그러나 부모님이 반대하는 결혼을 한다면 결혼 후에도 오랫동안 아버지의 찡그린 얼굴을 봐야 할 것이다. 그것도 힘든 일 같아 아버지 마음에 들면서도 내가 믿고 기댈 수 있는 듬직하고 착하며 결코 화내지 않되 기골이 있는 남성을 만나, 불같은 연애 끝에 행복하게 결혼식을 올리고 싶었다. 그런 만남을 찾아 삼만 리. 수많은 맞선을 봤지만 뜻대로 되지 않았다.

다행인지 불행인지 반려자를 만나지 못한 덕에 서른이 되기 직전 일을 얻었다. 서른을 코앞에 둔 무렵에는 자주 악몽을 꾸었다. 이대로 결혼하지 못한 채 나이를 먹어 예순에도 여전히 부모님과 함께 살고 있는 꿈이었다. 노쇠한 부모님, 그러나 아버지는 스크루지처럼 비틀거리면서도 호통칠 기력만큼은 건재하시며 항상 기분이 좋지 않으시다. 심술궂은 미혼인 나는 돋보기를 쓰고 고부라진 허리로 아버지의 호통을 들으며 주방 일을 하고 주름이 자글자글한 어머니를 간병

하며 엉엉 운다.

"으악! 싫어!"

너무 무서운 나머지 벌떡 일어난 적도 있었다. 그런 공포를 안고 있던 무렵 방송 일이 날아왔다. 세상에 죽으라는 법은 없었다. 그러나 방송 일로 새로운 인생이 열렸다는 생각은 전혀 하지 않았다. 어쩌다 기회가 왔을 뿐 오랫동안 이 일을 할 수 있으리라 생각지 못했던 것은 나에게 그만한 능력이 없었기 때문이다. 아나운서 공부를 한 적도 없었고 보도 분야에 관심이 많지도 않았다.

"창피하지만 한자도 제대로 읽지 못하고 신문도 읽지 않는 교양과 상식이 한참 부족한 딸아이가 도대체 텔레비전 보도 방송에 무슨 도움이 되겠습니까?"

프로그램 PD와 처음 인사를 한 날, 아버지가 겸손이나 무안함에서가 아니라 진심으로 이렇게 말씀하시는 것을 듣고 나 역시 동의했었다. 아니라고 손사래를 치며 쓴웃음을 짓던 PD는 그로부터 며칠 뒤 내가 다시 확인 할 겸 "전 방송에서 무얼 하면 되는 건가요?" 하고 물었더니 이렇게 말했다.

"앉아 있기만 하면 돼요."

'실례잖아.'라는 생각은 조금도 생각하지 않았다. 오히려 마음이 놓였다. 얼떨결에 시작하기는 했지만 어차피 금방 실력이 들통나리라.

그래도 평생 한 번 텔레비전에 나왔다는 추억이 생긴다. 훗날 손자와 함께 앨범을 들쳐보며 이런 이야기를 나눈다.

"할머니가 옛날에 텔레비전에 나온 적이 있단다."

"정말요? 이게 그때 사진이에요? 우와, 할머니 대단해요."

감탄하는 손자의 모습을 그려보며 가벼운 마음으로 시작했던 것이다.

그런데 방송국에서는 왜 나를 기용했을까. 새삼스레 그 이유를 물어 본 적은 없지만 적어도 내가 보도 방송에서 활약할 정도로 유능해 보여서라는 이유는 확실히 아니었다. 어차피 앉아 있기만 하면 된다고 하지 않았나. 젊고 예뻐서라는 이유도 성립되지 않는다. 그때 이미 나는 서른이 되기 몇 개월 전이어서 결코 젊지 않았다. 그래서 '작가의 딸이 보도 방송 보조 진행을 맡는다.'라는 작은 화제성으로 기용됐다고밖에 생각할 수 없었다. 이른바 아버지의 후광으로 채용된 셈이었다.

아버지의 후광은 내가 아버지와 함께 〈문예춘추文藝春秋〉의 월간지 광고를 찍은 것이 계기였다. 일본 대표 사진작가로 지금은 돌아가신 아키야마 쇼타로 씨가 찍은 그 광고는 '딸을 시집보낼 때 전해 주는 시계'라는 테마의 시계회사 광고로 각계의 아버지와 딸이 사이좋게 기념촬영을 하는 스타일로 꾸며졌다. 그 사진 위에 '아버지가 딸에게 주는 사랑의 선물'이라는 문구가 적혔다. 대개 가족과 그런 자리에 출연하는 일을 극도로 피하던 아버지가 왜 그 광고는 수락한 것일까. 아버지의 수입이 줄기라도 한 것이었을까 아님 아키야마 씨에게 빚이라도 진 것이었을까.

"사와코 씨는 아버지 옆에 서 보세요. 좋아요. 아버지 어깨에 가볍게 손 좀 얹어 볼래요?"

아키야마 씨는 사이좋은 아버지와 딸의 모습을 사진에 담고 싶어 했다. 그러나 아버지는 의자에 앉은 채 계속 기분 나쁜 표정을 짓고 계셨다. 나는 주뼛주뼛 아버지 옆으로 다가가 아키야마 씨가 시키는 대로 손을 뻗어 아버지 어깨에 올렸다.

"징그러. 만지지 말거라!"

곧장 불쾌해하는 아버지의 목소리가 날아왔다. 억울했다. 나도 만지고 싶어서 만진 게 아니라고 입 밖으로 내지는 않았지만 나 역시 속에서 화가 끓었다.

"그럼 아버지 안경이라도 들고 있어요. 자, 웃어요."

손이 허전하면 표정도 굳어 버리기 때문에 아마추어 피사체에게 안경을 들고 있도록 제안해 주었다. 그러나 여전히 아버지는 벌레라도 씹은 것 같은 표정이셨고, 나 역시 기분이 좋지 않아 자연스런 미소가 나오지 않았다. 아키야마 씨는 우리를 어르고 달래가며 작업을 계속 했지만 결국 사이좋은 부녀의 모습과는 거리가 먼 찌푸린 표정의 사진이 잡지에 실리게 되었다.

그 찌푸린 부녀의 사진이 방송국 PD 눈에 띈 것이다. 인생이란 참으로 불가사의하다. 그런 시큰둥한 표정으로 잘도 채용되었으니 말이다. 그러나 지금 그 사진이 그리운 것은 그 시절 아버지와 나의 관계를 가장 솔직히 보여 주는 한 장이기 때문이다.

◦●◦
의무감을 들게 하지 말고 자긍심이 들게 해라

"월급을 받았으니, 월급 받은 만큼 더 열심히 일을 해야 한다."라는 말을 듣는 순간, 갑자기 일이 하기 싫어집니다. 이런 말이 평소 열정적으로 일을 하던 사람의 열의마저도 사그라들게 만드는 이유는, 남이 시켜서 하는 것보다 스스로 하고 싶은 마음이 들어야 동기 유발이 되기 때문입니다.

1980년 당시 텍사스는 심각한 쓰레기 투기 문제 때문에 골치를 앓고 있었습니다. 텍사스는 매년 무단으로 투기된 쓰레기를 청소하는 데에만 2,500만 달러를 쓰고 있었는데, 이 금액마저 해마다 15%씩 증가했습니다. 텍사스 교통부는 "텍사스를 더럽히지 마세요." 캠페인과 더불어 별도로 100만 달러를 투자하여 쓰레기 투기와 관련된 법을 더욱 강화하는 프로그램을 실시할 계획을 세웠습니다. 쓰레기를 버리다 적발되면 엄격한 처벌을 받을 것이라는 개념을 심어주기 위한 것이었죠.

그러나 캠페인만으로도 5년 뒤 도로에 버려지는 쓰레기는 72% 감소하여 쓰레기 투기와 관련된 법을 강화할 필요가 없었습니다. "쓰레기를 버리지 마세요."라는 의무감을 강조하는 명령조의 슬로건보다 "텍사스를 더럽히지 말고 깨끗하게 사용해 주세요."라는 의미가 내포된 슬로건이 텍사스 지역에 대한 자긍심을 들게 했기 때문입니다.

저는 텍사스 캠페인의 사례를 보면서 부모가 아이를 혼낼 때를 떠올려 봤습니다. 아가와 씨가 인터뷰한 내용에서 언급했듯이 많은 부모들이 너무 완벽을 추구하려고 애씁니다. 완벽하고 싶은 부모가 아이의 모든 행동을 통제하려다 보니, 부모의 기준에서 해도 되는 것만 하도록 지시합니다. 만약 아이가 원하는 기준에 맞지 않게 행동하면 곧바로 부모는 "하지 마", "안 돼", "공부해"라는 식으로 강압적이 되는데, 마치 의무감만을 강조하는 것과 유사합니다.

텍사스 교통부가 시민들에게 깨끗한 도시라는 '자긍심'을 키워준 것처럼, 부모들이 아이가 스스로 자신의 가치를 존중하고, 자신을 사랑하는, 자긍심 높은 아이로 자라도록 키우면 어떨까요.

마찬가지로 회사에서도 직원들이 일에 몰입할 수 있는 자긍심을 갖도록 돕는 것이 매우 중요합니다. 그러기 위해서는 혼을 낼 때, "열심히 일해라", "실수하지 마라" 등과 같이 '~하라, ~하지 말라'라며 행동에 대해 강압적으로 의무감을 주는 것은 좋은 효과를 기대하기 어렵습니다. 자신들이 하는 일의 의미를 이해하게 하고 그 일을 왜 하는지 그리고 그 일을 통해 어떠한 긍정적 변화가 생길 수 있는지 등을 깨닫도록 명확히 알려주세요.

'어떤 일을 해야 하는지'만을 지시하면 그 일만 해낼 가능성이 높습니다. 직원이 창출해 낼 성과의 가치와 직원이 현재 회사에 어떠한 기여를 하고 있는지를 강조해 주면, 자신이 꼭 필요한 사람이라는 것을 인식하고 일을 더 즐겁고 보람되게 할 수 있습니다. 더불어 자신이 회사를 위해 어떤 역할을 더 해낼 수 있을지 끊임없이 고민하는 계기가 되기도 합니다.

2장

줄기차게
혼나 온
아가와
60년 역사

혼나는 힘

'집 없는 아이' 사건

내 기억에 어린 시절 아버지에게 호되게 야단맞은 일은 수없이 많지만 그중 특별히 소개할 만한 사건은 네 살 즈음의 일이다. 그날 나는 두 살 위 오빠와 함께 방에서 놀고 있었다.

어린 나이에도 장지문 건너편에서 아버지가 원고를 쓰고 있다는 사실을 알고, 제 나름 신경 쓰며 소곤소곤 조용히 놀고 있었다. 그런데 갑자기 장지문이 벌컥 열리더니 기모노 차림의 아버지가 장승처럼 나타나셨다. 깜짝 놀라 고개를 드는데 아버지의 성난 목소리가 날아왔다.

"시끄러워!"

어? 조용히 놀고 있었는데……. 입을 딱 벌리고 있는 오빠와 나를 향해 아버지는 말을 이으셨다.

"너희들이 거기에 있는 낌새가 시끄럽다. 어디 좀 나가 있어."

그 나이에 낌새라는 말을 이해했는지는 분명치 않지만 오빠와 내가 '그곳에 있다.'는 자체가 아버지에게 불쾌한 일임을 어린 마음에도 알아차렸다. 아무리 어려도 위험에 대해서는 민감한 법이다. 곧이어 아버지는 어머니를 큰 소리로 부르셨다.

"애들 좀 데리고 밖에 나가 있어. 저녁까지 들어오지 마. 얼른!"

어머니는 부엌에서 급히 뛰어나와 오빠와 나를 안고 곧장 밖으로 나가셨다. 이런 식의 '나가 있어!' 사건은 그 후로도 심심치 않게 일어났다.

어느 날 평소처럼 아버지에게 쫓겨나 어머니와 오빠, 나 세 명은 한동안 상점가를 돌아다니다가 극장으로 향했다. 옛날 시골 극장은 판잣집처럼 지저분한 건물로 안은 어둑어둑하며 수세식이 아닌 옛 화장실의 냄새로 가득했다. 어머니 손을 잡은 채 사람들이 많이 모인 어두컴컴한 강당으로 들어가 자리에 앉을 때까지 나는 '윽, 냄새.'라고 생각했던 기억이 난다. 본격적으로 조명이 비치고 곧이어 '짜잔'

하는 음악과 함께 정면의 큰 화면에 영상이 나타났다. 끝없이 펼쳐진 땅 위를 걷는 할아버지와 어린 아이의 모습이었다. 그리고 커다란 글씨로 제목이 나왔다. '집 없는 아이.' 그 순간 왠지 모르게 내 모습과 비슷하다는 생각이 들었다. 그리고 어느샌가 화장실 냄새가 더는 신경 쓰이지 않는다는 사실도 깨달았다.

에피소드 2

'눈물의 생일'
사건

비슷한 무렵, 내 생일이 찾아왔다. 겨울이 조금씩 다가오는 11월 초순이다.

"오늘이 사와코 생일이구나."

평소와 다르게 아버지는 온화한 목소리로 말씀하셨다. 혹시 선물이라도 사 주실까?

"뭐 갖고 싶은 거 있느냐?"

나는 두근거렸다. 뭐가 필요하지? 뭐가 좋을까?

"좋다. 생일이니 맛있는 거라도 먹으러 가자꾸나."

이렇게 생일 선물로 중국집에서 외식을 하고 집으로 돌아가려던 순간이었다. 가게 문을 열자 휙 하고 찬바람이 불어왔다. 나는 그만 "앗 추워!"라는 소리를 내고 말았다.

그 한 마디가 내 운명을 결정지었다.

"뭐라고?"

갑자기 아버지가 뒤를 돌아보며 말씀하셨다.

"춥다니. 춥다가 뭐냐!"

이유는 모르겠지만 아버지는 나에게 화가 나셨다. 나는 겁먹은 눈으로 아버지를 올려 보았다.

"넌 도대체 어떻게 생겨먹은 애냐. 네 생일이라 모처럼 이런 델 데리고 와서 맛있는 걸 사 먹였더니, 먹고 나서 처음 한다는 말이 춥다라고!"

즉 딸이 했어야 할 올바른 태도는 가게를 나오자마자 "아버지, 잘 먹었습니다. 엄청 맛있었어요!" 하고 감사의 인사를 하는 것이었다. 그런데 나는 찬바람에 반응하고 말았다. 아버지는 은혜도 모르는 딸에게 화가 나셨던 것이다. 그러나 나는 갑자기 날아오는 호통에 당황할 뿐이었다. 모처럼 평화롭게 식사를 하고 있었는데 왜 이렇게 되고 말았을까. 아버지는 호통치기 시작하셨다. 야단맞는 대상은 나다. 나는 서러워져 엉엉 울기 시작했다. 걸으면서 울고, 주차장에 도착해 차에 타서도 울고, 차가 출발해서도 여전히 울었다. 그러는 동안 아버지는 뒷자리에 앉은 나에게 계속 화를 내셨다. 이럴 때 어머니는 대개 아무 말 없이 조용히 계신다. 만약 참견하면 일이 더 커지기 때문이다. 그러나 아버지의 호통 소리와 나의 울음소리가 좁은 차 안에서 끝없이 울리니 결국 어머니가 금단의 말을 뱉고 말았다.

"이제 그만 좀 하세요. 사와코도 충분히 알아들었을 거예요."

아버지의 분노는 곧바로 어머니에게 방향을 틀었다.

"뭐라고? 애당초 당신이 애를 너무 오냐오냐 키우니까 이런 거라고!"

"아무리 그래도……."

"내 말에 불만 있어? 내가 틀렸다는 거야? 그렇게 불만이면 집에서 나가. 내려!"

아버지는 브레이크를 밟아 차를 세운 뒤 어머니를 차 밖으로 쫓아내셨다.

무슨 일이 벌어진 거지! 내 공포심은 정점에 달했다. 드디어 우리 가족은 뿔뿔이 흩어지고 마는 것일까. 어머니를 두 번 다시 볼 수 없는 것일까.

아버지와 오빠, 나는 집에 도착했다. 여전히 울음을 그치지 못한 채 울다 지쳐 흑흑 흐느끼고 있는 나에게 무시무시한 표정의 아버지가 다가오셨다.

"뭘 잘못했는지 알았느냐?"

나는 그 질문을 받을 때마다 고민스러웠다. 뭘 잘못했을까. 아무리 생각해도 떠오르지 않았다. 어렴풋하게나마 '춥다.'는 말 때문인 듯했지만, 추워서 춥다고 말한 것이 그렇게 잘못한 일일까. 만약 모르겠다고 한다면 이번엔 내가 집에서 쫓겨나리라.

"네."

나는 흐느끼며 대답했다.

"제가 잘못했어요."

그러자 아버지는 누그러진 목소리로 말씀하셨다.

"알았으면 됐다. 이제 그만 자거라."

겨우 아버지의 분노에서 해방되었다. 이불 속으로 들어갔지만 이제 어머니를 만날 수 없다고 생각하니 슬프고 괴로워 다시 눈물이 흘렀다. 울다 나도 모르게 잠이 들고 말았다.

그런데 아침에 어떻게 된 일인지 어머니가 집에 계셔 얼마나 안심했는지 모른다. 그 사건을 계기로 나는 기념일을 두려워하게 되었다. 이후 생일, 크리스마스, 설날 같은 기념일에는 대개 큰 풍파가 나를 기다리고 있었다.

"생일 파티는 금지다!"

내가 기념일 공포증에 걸린 이유에는 또 다른 큰 사건이 한몫 했다. 초등학교 2,3학년 정도로 기억한다. 당시 나도 아이들 사이에서 유행하던 생일 파티를 열고 싶어서 내 생일에 직접 손으로 초대장을 만들어 친한 친구들에게 돌렸다.

"학교 끝나고 우리 집으로 놀러 와. 케이크랑 샌드위치를 먹으면서 같이 놀자."

방과 후 나는 쏜살같이 집으로 달려가 파티 준비를 시작했다. 이미 어머니는 샌드위치를 접시에 담아 놓고 백화점에서 사 온 딸기 케이크에 초를 꼽을 준비도 마쳐 놓으셨다. 생일 파티에 와 준 친구들에게 줄 선물도 사 놓았고 친구들을 기다리기만 하면 됐다. 그런데 두근두근 흥분된 나에게 "미안, 오늘 못 가게 됐어."라는 취소 전화가 계속 걸려 왔다. 결국 우리 집에 와 준 친구는 단 두 명. 테이블 위에 놓인 샌드위치와 맛있는 음식들, 커다란 케이크 그리고 친구들에게 나눠 줄 선물 바구니. 그 앞에 달랑 친구 둘과 내가 앉아 있었고, 우리들 사이로 축 쳐진 분위기가 흘렀다. 이때 이층 서재에서 아버지가 내려오셨다.

"분위기가 왜 그래?"

"사와코 생일 파티에 친구가 두 명밖에 오지 못해서요."

순식간에 아버지 표정이 굳어지셨다. 과연 아버지는 무엇 때문에 화가 나신 걸까. '매정한 친구들 같으니. 우리 사와코가 불쌍하잖아.' 아쉽게도 아니다.

"그러니까 내가 말했잖아. 이렇게 음식을 많이 만들어 놓고 선물도 잔뜩 사서는 부모가 자식한테 휘둘리더니만 결국 이 꼴이야?"

아버지는 어머니에게 이렇게 말씀하시고는 나를 향해 호통치셨다.

"잘 들어. 두 번 다시 이런 한심한 생일 파티는 허락할 수 없다! 앞으로 생일 파티는 금지다!"

그 후 나는 한 번도 우리 집에 친구들을 불러 생일 파티를 열어 본 적이 없다. 아버지가 아이의 생일을 축하해서는 안 된다는 뜻으로 말씀하신 것은 아닐 것이다(호의적 해석). 단지 아이를 위해 부모가 필사적이 되는 것이 싫으셨던 것이다. 한 가정의 주인은 어디까지나 아버지고 가족을 부양하는 사람도 아버지다. 그러므로 아내는 항상 남편의 동향과 기분을 살피고 남편을 돕는 것이 첫 번째 임무며, 아이를 보살피는 것은 그 다음이었다.

'남편을 제쳐 두고 아이를 위해 이리저리 뛰어다니는 일은 용납할 수 없다. 불만이 있으면 집에서 나가라.' 이것이 우리 집의 법이었다. 부모가 아이에게 시간과 돈, 노력을 쏟는 일은 절대 있을 수 없었다.

아버지도 자식의 생일을 축하해 주고 싶은 마음이 없었을 리 없다. 아버지가 먼저 축하해 주고 싶을 때는 괜찮았다. 평소 화만 내시고 제대로 챙겨 주진 않으셔도 생일 정도는 아이를 위해 서비스를 해 주려는 다정한 마음이 생기는 것 같았다. 그러나 몸에 맞지 않는 조용하고 부드러운 아버지는 오래가지 못했다. 오늘만큼은 짜증내거나 화내지 말자고 마음먹고 참으면, 참은 만큼 반동도 큰 모양이셨다. 그래서 평소라면 회낼 리 없는 아이의 아주 사소한 태도가 신경에 거슬려 폭발하는 듯했다.

"이만큼 내가 참고 있건만 그 태도가 뭐냐!"

그래서 나는 자라면서 아버지를 가능한 자극하지 않고 살아가려고 마음먹었다.

"생일이니까 선물 사 주세요."

"요번 크리스마스에 어디로 놀러 가요."

이런 말뿐만 아니라 내 기억에 아버지에게 무엇을 사 달라거나 무엇을 하고 싶다고 졸라 본 적이 거의 없다. 물론 아버지가 먼저 필요한 것이 없는지 물으시면 절호의 기회라고 생각하며 이리저리 머리를 굴렸다. 모처럼 상냥해진 아버지의 기분이 상하지 않도록 최선의 주의를 기울이면서 노여움을 사지 않을 선에서 요구했다. 그러나 아버지가 묻지도 않으셨는데 내가 주장하거나 우겼을 경우, 만약 그 요구가 받아들여졌다 하더라도 반드시 그 다음에는 더욱 성가신 일이

기다리고 있었다. 그럴 바엔 차라리 가만히 있는 편이 낫다고 언젠가부터 깨끗이 단념하는 버릇이 생겼다.

이를테면 내가 집으로 돌아가는 길에 아이스크림을 먹고 싶다고 말했다. 마침 아버지도 같은 생각이셨다면 허락하겠지만, 딸이 원하는 아이스크림을 사기 위해 일부러 돌아가야 하거나 운 나쁘게 가게 문이 닫혔거나 길이 막히는 문제가 생기면 아버지는 슬슬 기분이 안 좋아지신다.

"네가 아이스크림을 먹고 싶다고 해서 이렇게 됐잖아."

아버지에게 된통 혼나고 만다. 차라리 이럴 바엔 "지금 먹고 싶어요." 같은 말을 하지 않고 다음 날 스스로 사러 가면 된다. 이것으로 한 집안의 평화를 유지할 수 있었다.

아주 어렸을 때 또 다른 사건이 있었다. 온 가족이 어느 댁에 초대를 받았다가 돌아오면서 딸기 한 팩을 선물로 받았다. 너무 기뻤던 나는 딸기에 생크림을 얹어 먹고 싶다는 충동이 일었다. 친구 어머니가 만드신 생크림 딸기 케이크의 달콤함에 막 눈을 떴을 무렵이었다. 당시 빵집에서 팔던 딸기 케이크는 대부분 버터크림을 바른 것들이라 생크림 케이크의 감동은 한층 더 했다. 그래서 그만 아버지가 운전하는 차 안에서 딸기 팩을 만지작거리며 "아, 생크림에 찍어 먹고 싶다."라는 말을 입 밖으로 뱉고 말았던 것이다. 핸들을 쥐고 있던 아버지가 갑자기(혼날 때는 언제나 갑자기다.) 소리치셨다.

"뭐? 생크림? 그 비싼 걸! 정신이 있는 게냐."

그리고 돌아오는 내내 아버지에게 잔소리를 들어야 했다. 당연히 나는 울고 말았다. 울음을 그치지 않자 어머니가 슬그머니 참견을 하셨고 그러자 아버지의 분노가 어머니로 향하는 똑같은 패턴이 반복됐다.

"애초에 당신 교육이 잘못된 거야. 자꾸 말대꾸 할 거면 내려!"

그 딸기 사건이 일어난 밤에는 어머니가 차에서 쫓겨나는 사태까지는 일어나지 않았던 걸로 기억한다. 그러나 그 후 나는 생크림 가게 앞을 지나갈 때마다 병우유가 13엔, 그 옆의 생크림이 50엔이라는 가격 차이를 확인하며 '사치는 적이다.' 하고 작은 소리로 중얼거렸다.

에피소드 3
'아버지와 판박이'
사건

이런 이야기를 하다 보니 마치 내가 소공녀처럼 가엾게 느껴진다. 그러나 소공녀만큼 불행하다고 생각해 본 적은 없다. 아무리 아버지에게 혼나고 수차례 "집에서 나가!"라는 소리를 듣는 중에도 어머니는 나를 이해해 주리라는 믿음이 있었다. 딸이 야단맞고 있을 때는 조용히 지켜보시지만 아버지가 분노의 여운을 남긴 채 서재로 들어간 후에는 분명 날 위로해 주리라. 오빠도 틀림없이 날 걱정하고 있을 거야. 그리고 무섭게 야단치시던 아버지도 잠시 후 내가 잘못했다고 빌면 그 직후에는 어색할지언정 화낸 만큼 의외로 잘해 주기도 하셨으니까. 혼나는 도중에는 이렇게 따뜻한 눈으로 바라봐 주시는 순간이 올지 도저히 생각하지 못했지만 말이다.

그도 그럴 것이 아버지는 분노하면 그 대상을 무척 매서운 눈으로 바라보신다. 가는 세모꼴의 경멸에 찬 눈초리다.

"아, 그렇게 쏘아보시는 걸 보면 난 아무래도 주워 온 아이인가 봐."

당시 읽고 있던 비련의 소녀가 나오는 소설과 만화를 보며 나는 이런 상상을 얼마나 했는지 모른다.

"이번에는 진짜로 아버지에게 미움받아서 집을 나가야 할지도 몰라."

슬픈 이야기를 하고 있는데 웬일인지 친구가 웃는다.

"또?"

친구는 웃으면서 말을 이었다.

"금방 괜찮아질 거야. 한두 번도 아니잖아."

나의 비극은 으레 남에게는 희극이 되었다. 왜 그런 것일까.

고등학생이 된 어느 날이었다. 교실에서 선생님, 친구 몇 명과 웃으면서 이야기하다 우리 아버지 이야기가 나왔다.

"정말 우리 아버지는 폭군이에요. 날 마음속 깊이 미워하는 건 아닌지 의심스러울 때가 있다니까요. 전 정말 주워 온 아이인 거 같아요."

이런 이야기를 하자 그 자리에 있던 지리 선생님이 깔깔 소리 높여

웃기 시작하셨다.

"그럴 리 없지!"

그러더니 곧바로 확실히 부정하셨다.

"아버지랑 판박이인데."

충격 그 자체였다. 내가 우리 아버지랑 똑같은가? 닮기는 했겠지만 '판박이'라는 말은 뜻밖이었다. 그러나 내가 아버지와 무척 닮았다는 사실을 담임 선생님도 아닌 선생님과 주변 친구들은 이미 간파한 것 같았다. 내가 아버지와 판박이라는 사실을 안 순간, 나는 깨달았다. 아버지와 나의 싸움은 피할 수 없는 운명임을.

그렇게 어릴 때부터 아버지의 노여움을 샀으면 약삭빠르게 대처할 요령도 생길 법하다고 어머니와 오빠가 자주 말했었다. 맞는 말이다. 슬슬 아버지 기분이 나빠지시겠구나 싶으면 스르륵 몸을 피한다거나 입을 다물고 조용히 아버지 말씀을 들으면 좋았을 텐데, 다행인지 불행인지 아버지와 판박이인 나는 입 밖으로 내뱉지 않고 마음속으로만 생각하는데도 속마음이 드러나고 말았다.

"네, 알겠습니다." 하고 대답해도 얼굴에는 불만이 가득하다.

하루는 아버지가 술안주로 햄 샌드위치를 만들어 오라고 한 적이 있었다. 아버지는 이따금 저녁 식사 전에 샌드위치를 원하셨다. 알았다고 대답한 후 뒤로 돌아 빵을 자르기 시작했다.

'아, 귀찮아.'

이런 마음이 "후유."라는 한숨에 응축되어 나왔나 보다. 스스로는 그다지 의식하지 못했지만 감이 좋은 아버지에게는 확실히 들린 모양이었다.

"뭐냐, 그 한숨은……."

아버지의 낮고 섬뜩한 목소리가 등 뒤로 울려 퍼짐과 동시에 한바탕 풍파가 일었다. 한숨 하나가 '집에서 나가!' 사건으로 발전한 대학 시절의 추억담이다.

"사와코는 무서운 아버지 밑에서 자라면서 많이 부딪쳐 봤으니 어느 집에 시집가든 살아남을 거야."

친구는 곧잘 이렇게 나를 위로해 주었다. 나도 같은 생각이었다. 지금은 인생수업 중이라고 내 자신을 납득시켰다. 호통이 끊이지 않는 집에서 어떻게든 살아남았지 않은가. 분명 나는 강해졌을 터이다.

그러나 그 믿음은 나의 자만이었다. 나는 조금도 강하지 않았다. 막상 일을 시작하니 아버지와 흡사한 버럭 화를 내는 보스를 만나 또다시 새로운 '호통'과의 싸움에 접어들었다. 야단맞는 일에 익숙해질 법한 나는 직장에서 혼나 흑흑거리고 집에 돌아와 벌벌거리며 안팎으로 밀려오는 공포의 이중고를 겪으며 자신이 얼마나 약한 인간인가를 깨닫게 되었다.

에피소드 4
'독립생활'
기습작전에
성공하다

운 좋게 일을 얻은 덕에 경제적 자립은 조금씩 실현되어 갔다. 스스로 말하기는 쑥스럽지만 나는 꽤 저축파다. 하늘에서 뚝 떨어진 것만 같은 방송 일을 오랫동안 할 수 있을 거라 생각하지 않았기 때문에 벌 수 있을 때 모아두려고 했다. 이 기회를 놓친다면 평생 경제적 자립은 없을지도 모른다. 일생 부모님 곁을 떠나지 못한다면 인간으로서 비참해지리라는 공포심에 사로잡혀 만반의 준비 끝에 독립을 결심했다. 설령 부모님 곁을 떠났다 해도 금방 직장에서 쫓겨나 무일

푼으로 다시 부모님에게 신세를 지는 비참한 꼴은 면하고 싶었다. 그래서 독립생활을 시작하자마자 나는 예전보다 훨씬 더 구두쇠가 되었다.

전기는 바로바로 끄고 냉난방은 되도록 틀지 않았다. 가전제품은 꼭 필요한 것만 구입하고 밥은 냄비에 지었다. 식기류는 여태껏 숱하게 참석한 친구들 결혼식에서 받은 피로연 선물을 사용했다. 마파두부는 납작한 꽃무늬 케이크 접시에 담고 전통차는 앙증맞은 에스프레소 잔에 타 마셨다. 침대는 친구에게 받은 중고품이었고 냉장고는 할머니의 유품이었다. 다행히 창문이 뿌연 불투명 유리였기 때문에 밖에서 빤히 보이지 않으리라 생각하며 1년 가까이 커튼을 달지 않았다. 커튼은 의외로 돈이 많이 들었다. 옷을 갈아입을 때는 창문에서 먼 화장실 앞으로 가면 됐다.

유일하게 식탁만큼은 예전부터 눈독을 들인 수공예 가구점에서 꽤 큼직한 크기의 접이식 테이블을 구입했다. 48,000엔이었던 걸로 기억한다. 당시 나에게는 과감한 지출이었다. 그 테이블에서 소박한 식사도 하고 원고도 쓰며 차도 마셨다. 변변치 않은 살림이었지만 마음은 해방감으로 가득 찼다. 혼자 살면서 드디어 통금 시간에서 벗어났고 휴일에 낮잠을 자거나 방에 불을 켠 채 잠들어도 비록 전기세는 올라갈지언정 아버지에게 혼날 일은 없었다. 전화로 친구와 수다를 떨면서 눈치를 볼 필요도 없었다. 그러나 모든 책임은 스스로 져야 한다.

예전에 부모님과 함께 살 때 자주 아버지의 급습을 받았다.

"또 불을 켜 놨냐? 그렇게 말해도 정신을 못 차려!"

아버지가 마작을 하고 밤늦게 귀가하시는 날에 나는 종종 불을 켠 채로 책상에 엎드려 있었다.

"누구 덕에 편히 사는 줄 아는 거냐! 전기세는 네가 낼 거냐!"

어느 일요일 아침 방에서 자고 있는데 쿵쿵 계단을 올라오는 발소리가 꿈 저편에서 들리는가 싶더니 갑자기 방문이 힘껏 열렸다.

"언제까지 잘 거냐? 당장 일어나 네 어머니 거들지 못해!"

그리고 바로 쿵! 하고 큰 소리가 났다. 깜짝 놀라 쳐다보니 문에 커다란 구멍이 뚫려 있는 게 아닌가. 맹렬한 기세로 열린 문이 바로 뒤에 있던 철제 피아노 의자에 격파되어 커다란 구멍이 뚫린 것이었다. 그 구멍은 '딸의 낮잠 증거'로 지금도 남아있다.

공포는 항상 갑자기 덮쳐왔다. 그러나 혼자 살기 시작하니 그런 공포에서 벗어날 수 있었다. 마치 천국에 온 듯했다.

그런데 이상하게도 아버지의 호통에서 벗어나자 밤늦게까지 노는 일에 흥미가 사라졌다. 그때는 심야 생방송에 출연하고 있었기 때문에 일이 끝나고 집으로 돌아오면 새벽 두세 시가 되었다. 그때부터 다시 놀러 나갈 기력은 처음부터 없었지만, 부모님과 함께 살 때는 예컨대 휴일에 친구나 동료들과 저녁을 먹은 다음 "다른 데 또 갈래?" 혹은 "노래방 가자!"라는 제안에 "안 돼. 우리 아버지 잔소리가 심하셔서 그만 들어가야 해." 하며 미련을 남긴 채 홀로 먼저 떠나는 일이 압도적으로 많았다.

그런데 통금 시간이 없는 몸이 되니 빨리 집으로 돌아가고 싶은 마음이 강해졌다. 스스로 놀랄 정도로 신기한 일이었다. 파블로프의 개는 아니지만 오랜 시간 빨리 집에 들어오라는 소리를 듣자 밤이 깊어지면 조건반사처럼 집에 가야 한다는 공포심이 생겨버린 것일까. 야단맞을 때는 그토록 저항하고 싶더니 야단칠 권한이 나에게 넘어 온 순간 저절로 자제심이 발동되었다.

"뭐냐, 결혼 얘기냐?"

내가 집에서 독립하고 싶다는 말을 꺼냈을 때 아버지는 의외의 반응을 보이셨다. 분명 이런저런 이유를 대시며 반대할 거라고 예상했던 나는 작전을 세웠다. 만약 이해심 많은 어머니에게 먼저 말을 꺼내 허락을 받는다면 오히려 아버지 기분만 상하게 될 테니 용기 내서 먼저 아버지에게 이야기하기로 마음먹었다.

그 무렵 심야 생방송을 끝내고 집으로 돌아오면 대개 새벽 두세 시였다. 아버지는 젊었을 때부터 잠을 하루에 두 번씩 나눠서 주무셨는데, 저녁을 먹고 나서 바로 주무신 뒤 서너 시간 지나 가족들이 잠자리에 들 열두 시나 한 시 경이 되면 일어나셨다. 그때부터 아침까지 집필이나 독서를 하고 날이 밝아 가족들이 슬슬 깨어나기 시작하면 빨리 밥 차리라고 어머니를 깨우셨다. 가족들이 활동하기 시작하는 모습을 보면서 아침밥을 드시고 다시 침대 속으로 들어가셨다. 점심이 지나 일어나신 뒤 외출하시거나 원고를 쓰시면서 저녁 식사 시간을 맞는 식이었다.

결국 내가 일을 끝내고 돌아오는 한밤중에 집에서 일어나 있는 사람은 오직 아버지뿐이었다.

"다녀왔습니다."

"그래. 왔냐."

"네. 아버지, 차라도 드실래요?"

"좋지. 한 잔 부탁하마."

바스락바스락.

"아버지, 저 할 말이 있는데요……."

찻잔을 손에 쥐고 용기를 짜냈다.

"뭐냐? 결혼 얘기냐?"

왜 갑자기 결혼 이야기로 빠지는 것일까. 여자는 논리의 비약이 심해 힘들다고 말하시던 아버지야말로 논리의 비약이 심하시다.

"설마요. 사실 적당한 가격의 집을 발견해서요."

아버지에게 상담하기 전에 나는 부동산을 돌며 신축 건물에 눈도장을 찍어 두었다.

"그럼 동거냐?"

속도가 너무 빨라 따라갈 수 없다.

"아니에요! 여기에서는 심야 생방송하러 오가기도 힘들고, 어중간하게 낮에 다른 일이 들어오면 시내에서 시간 때우기도 힘들어서요……."

주장인지 변명인지 모를 말을 늘어놓는 사이 아버지는 아무 말 없이 서재로 들어가 버리셨다. 무슨 뜻이시지? 화나신 건가? 할 수 없이 찻잔을 정리하기 시작하는데 아버지가 다시 나타나셨다.

"서른 넘은 딸에게 부모가 이래라저래라 하기도 그렇지. 너 좋을 대로 해라."

어, 진심이신가? 평소와 다른 부드러운 목소리로 내 얘기를 인정해 주신 것이다. 기적이 일어난 것처럼 작전은 성공했다. 부딪쳐 보길 잘했어. 직접 이야기한 것이 성공의 요인인 것 같았다.

그러나 방심은 금물이다. 그날 밤은 분명히 부드러운 목소리로 딸의 독립을 허락했지만 시간이 지나면서 어떻게 마음이 변하실지 모른다.

"다시 생각해 보니 역시 독립은 무리다!"

이렇게 말하시면 끝장이다. 나는 아버지 마음이 변하시기 전에 한시라도 빨리 이사를 끝내자고 결심했다. 마음이 급했다. 게다가 처음 계약하려던 집에 문제가 생겨 다시 집을 찾아야 하는 성가신 사태도 발생했다. 그 이야기를 하면 길어지니 넘어가기로 하고 아무튼 마침내 평화롭게 도내 아파트로 이사하게 되었다.

그리고 몇 개월 후 가족끼리 오랜만에 외식을 했다.

"누나네 집 가보고 싶어. 지금 다 같이 가요."

남동생이 쓸데없는 제안을 한 바람에 아버지와 어머니, 오빠, 남동생에게 나의 새로운 거처를 선보여야 할 처지가 되었다. 아버지는 이미 얼큰하게 취한 상태셨는데도 떨떠름한 표정을 유지하신 채 내가 사는 아파트 현관 앞에 도착하자마자 투덜거리셨다.

"엘리베이터도 없고 지저분하구만."

삼 층까지 계단으로 올라와 문을 열고 집 안으로 들어오자 어머니와 오빠, 남동생은 여기저기 점검하러 돌아다녔다.

"어머, 부엌과 거실을 같이 쓰는 거니? 화장실은 이쪽인가."

"어! 이 냉장고 할머니 집에 있던 거잖아."

아버지는 이런 모습을 거들떠보지도 않고 곧장 침대로 가 벌렁 누우시더니 한마디 내뱉으셨다.

"사내놈 양복이라도 하나 걸려 있을 줄 알았더니만."

그러더니 뿡! 하고 큰 소리로 방귀를 끼시고는 냉큼 현관으로 향하셨다.

"그만 가자. 오래 있어봤자 불편만 하다."

그 뒤를 어머니가 쫓으시고 "차라도 마시고 가요." 하고 투덜거리는 남동생을 오빠가 일으켜 세워 밖으로 나갔다. 체류시간은 단 오분. 순식간에 폭풍이 휩쓸고 지나갔다. 결국 아버지는 염탐하러 오신 것일까. 그날 밤을 계기로 드디어 아버지는 명실공히 딸의 독립을 승인하셨다.

'아이에게
인권은 없다'
선언

부모님에게서 경제적 자립을 하고 난 뒤 나는 확실히 깨달았다.

'경제적 자립을 이뤘다고 정신적으로도 자립했다고 말할 수 없다. 그러나 경제적 자립을 하지 않는 한 정신적 자립을 시작할 수 없다.'

본인이 번 돈으로 낭비를 하든 사치를 하든 남에게 피해를 끼치지 않는 한 그것은 본인의 자유다. 그러나 부모님이나 남에게 의지하며 살아가는 동안에는 그 나름 지켜야 할 예절이 필요하다. 내가 서른이 되어 부모님 곁을 떠나기 전 아버지는 입버릇처럼 이렇게 말씀하셨다.

"누구 덕에 따뜻한 집에서 사는 줄 아느냐!"

"누구 덕에 밥을 먹는 줄 아는 거냐!"

이 말을 들을 때마다 어머니와 나는 "네, 모두 아버지 덕분이에요."라고 대답했다.

어느 날 친구에게 이 이야기를 했더니 친구가 이해할 수 없다는 반응을 보였다.

"너희 집 아버지 심하신 거 아니야? 부모는 자식을 부양할 의무가 있어. 낳아달라고 부탁한 것도 아닌데 낳았으면 부양하는 건 당연한 일이라고 말씀드려 봐."

절대 우리 집에서는 말할 수 없다. 아버지가 무서워서라기보다 오랜 시간 세뇌된 탓인지 나는 친구의 의견에 완전히 찬성할 수 없었다. 진지한 이야기라 다소 낯간지럽지만 자식을 부양하는 일에는 얼마가 되었든 돈이 든다. 양육의 의무가 있다 하더라도 부모에게 부담을 끼치고 있으니, 자녀는 자녀 나름대로 당연히 예의를 지켜야 한다는 것이 내 기본적인 생각이다.

그러나 그렇다고 내가 무서운 아버지 말씀을 기꺼이 따랐냐 하면 그렇지 않다. 아버지는 "아이에게 인권은 없다."라는 말을 자주 하셨다. 심하지 않은가. 아이는 노예가 아니다. 심각한 인권유린이라며

법에 강한 오빠를 방패삼아 민주화 운동을 일으킬 생각도 해봤지만 고용주인 아버지의 이론에는 이길 수 없었다.

"만약 아이가 운전을 하다 사고를 내면 누가 배상금을 지불할 것 같으냐? 바로 부모다. 부모에게 배상 책임이 있는 한 아이는 제멋대로 차를 타고 나가거나 친구를 차에 태우거나 친구 차를 타고 껄렁껄렁 드라이브해서는 절대 안 된다."

나는 그만 고개를 끄떡이며 수긍하고 말았다. 그래서 나는 친구 차로 껄렁껄렁하게 드라이브한 후 집 앞에서 내리는 불순한 행동은 절대 하지 않았다. 대신 집이 보이지 않는 골목에서 내려 마치 전철을 타고 돌아온 것처럼 걸어서 집으로 들어갔다.

전화도 마찬가지였다.

"다른 집하고는 사정이 달라. 우리 집 전화는 가정용 겸 업무용이다. 언제 출판사에서 전화가 걸려 올지 모르는데 애가 쓸데없이 오랫동안 전화를 붙잡고 있어서는 절대 안 된다!"

나는 또 아버지 말씀에 고개를 끄덕이고 말았다. 친구와 통화하고 싶지만 아버지는 쉽게 허락하지 않으셨다. 결국 아버지는 전화기 옆에 삼 분짜리 모래시계를 갖다 놓으셨는데, 삼 분을 넘기는 일이 몇 번 발생하자 아버지는 분노하여 우리의 통화를 아예 금지시키셨다. 그래서 우리 남매는 동전을 잔뜩 들고 집 근처 공중전화로 가야하는 처지가 되었다.

공중전화를 쓰러 매번 나가기도 지쳤을 무렵 오빠가 아버지에게 건의를 했다.

"미국과 소련도 지금은 대화의 시대로 접어들었습니다. 이번 기회에 전화 문제도 대화로 해결할 여지가 있다고 생각합니다."

오빠는 나중에 국제정치를 공부해 변호사가 되었다. 생각해 보면 그때부터 교섭에 남다른 재주가 있었는지 모르겠다.

"그래, 들어보자꾸나. 조건이 뭐냐?"

아버지는 의외로 순순히 따라오셨다.

"이 층에 전화기 한 대를 새로 들여놓고 싶습니다. 전화기와 요금은 전부 우리 남매가 해결하겠습니다. 대신 이 층 전화에 대해서 아버지는 일절 상관하지 않으셨으면 합니다."

멋지게 교섭이 성립되고 우리 남매는 전화 요금을 마련하기 위해 적극적으로 아르바이트를 시작했다.

우리 집에서는 뭐든지 쉬운 게 없었다. 갑갑하고 불합리하며 때로는 가출하고 싶다는 마음이 들 정도로 힘들었다. 그러나 결국 아버지가 버신 돈으로 살아가는 동안은 아버지가 정한 법을 따를 수밖에 없었다. 반론에도 한계가 있다. 뭐든지 내 맘대로는 할 수 없다. 왜냐하면 아버지가 우리 남매를 위해 경제적 부담을 떠안고 계셨기 때문이다.

"내 말을 듣기 싫다면 집에서 나가!"

같은 방송 프로그램에 출연 중인 기타노 다케시인기 코미디언이자 영화감독. 〈하나비〉로 베니스영화제 황금사자상을 수상 씨가 이런 말을 한 적이 있다.

"전 교칙이 있어야 한다고 생각해요. 교칙이 있어야 학생들이 어떻게 교칙을 피해 나쁜 짓을 할지 꾀를 부리거든요. 학교에 칼을 갖고 오면 안 된다고 했는데 '선생님한테 안 들키고 갖고 왔지.' 하는 녀석이 있으면 어떻게 몰래 들고 왔냐며 모두 우러러 보죠. 그러나 처음부터 교칙이 없으면 금지 사항도 아닌 칼을 꺼낸다 한들 아무도 놀라지 않잖아요. 누군가를 찌를 정도가 되지 않으면 영웅 취급을 못 받게 되죠. 결국 엄격한 교칙이 있어야 살아갈 지혜를 짜낼 수 있는 법이에요."

기타노 씨의 이야기를 듣자 나는 우리 남매의 모습이 떠올랐다. 우리도 아버지 눈을 피해 어떻게 자유를 쟁취할지 밤낮으로 궁리했었다.

"내 말이 억지같이 들릴지 모르지만 내가 먹여 살리는 동안은 내 말을 따라야 한다. 그게 싫다면 집에서 나가. 의무교육 기간에는 월

5만 엔(이었나?)은 내주겠지만 그 뒤부터는 경제적 원조도 절대 없다. 기루에 가든 객사하든 내 알 바 아니다."

이것도 아버지가 자주 하시던 말씀이었다. 나는 기루라는 곳이 어떤 곳인지 알지 못하는 사이 그 말을 습득하게 되었다.

내 어릴 적 꿈은 언젠가 아버지의 경제적 원조에서 벗어나 자유를 얻는 것이었다. 그러나 앞서 말했듯 나 자신도 스스로 사회에서 일할 능력이 없다고 깨끗이 인정하고 있었기 때문에 아버지처럼 투덜거리는 사람이 아닌 상냥한 신랑감을 만나 그에게 경제적으로 의존하며 살고 싶었다. 그 대신 가사와 육아는 기꺼이 내가 맡는다. 이것이 내가 바라는 아버지에게서의 독립선언이었다.

아쉽게도 마음속에 그리던 꿈은 실현되지 않았지만 아버지에게 벗어나 막 독립생활을 시작했을 때는 드디어 자유를 손에 넣었다고 생각했다. 그 기쁨은 힘들게 원고를 끝내고 골프를 치러 가는 다음 날 아침처럼, 어려웠던 시험을 끝내고 침대 속으로 쓰러지는 순간처럼, 말로 표현할 수 없는 안도감이었다. 힘들었던 만큼 기쁨은 큰 법이다.

"괴로운 경험은 하고 싶지 않아요. 항상 자유롭고 싶어요."

이렇게 말하는 사람도 있을 것이다. 실제로 "우리 집은 어릴 때부터 방임주의예요. 아이가 하고 싶은 일은 거의 다 해 줬어요."라고 호기롭게 말하는 사람이나 "우리 부모님은 야단치거나 때린 적이 없어요."라고 말하는 사람을 보면 나는 분한 나머지 '그럼 제대로 된 인간이 못 돼요.' 하고 속으로 생각하지만 그렇다고 해서 그 사람이 제멋대로냐 하면 오히려 분별 있는 멋진 사람일 때가 많다.

반대로 나는 너무 부모님의 눈치를 살피고 무슨 일을 결정할 때마다 부모님에게 의존하며 살아온 만큼 자신감 없는 인간이 되어 버렸다. 이 나이가 돼서도 그 버릇이 남아 있음을 스스로 느낀다. 만약 나에게 아이를 낳아 키울 기회가 있었다면 아버지처럼 무작정 화부터 내는 것이 아니라 아이의 이야기에 귀 기울이면서, 나처럼 자신감 없는 아이가 되지 않게 키우고 싶었다.

한편 자신감 없는 인간이 되긴 했으나 차라리 나는 무서운 아버지 밑에서 자라 다행이었는지도 모른다. 천성적으로 아버지와 똑같은 성격이지 않은가. 이런 내가 만약 상냥한 아버지 밑에서 "사와코는 뭐든 다 잘하는구나. 사와코, 갖고 싶은 거 있니? 뭐든지 사 주마."라는 말을 듣고 자랐다면 분명 형편없는 사람이 되었으리라.

아버지에 대한 공포 후유증은 환갑을 넘은 지금도 남아 있다. 나는 이미 한참 전에 아버지에게 경제적으로 졸업했고, 아흔이 넘으신 아버지는 작년에 발이 골절되어 거의 누운 채로 지내셨음에도 난 아직도 아버지에게 전화가 오면 움찔한다. 또 혼나는 것은 아닌지 조마조마한 마음으로 전화를 받는다. 이유라고 떠오르는 것은 다양하다.

"네가 쓴 책을 읽어 봤는데 군데군데 일본어가 틀렸더구나."

"모처럼 텔레비전을 트니 네가 나오던데 그렇게 무책임한 말을 하면 못쓴다."

"저번에 만들어 온 반찬 맛이 그게 뭐냐."

"○○ 씨에게 연락하라고 말했건만 아직도 안 한 거냐."

"네가 만든 죽순밥 고맙긴 하다만 간이 너무 싱거워."

옛날처럼 호통치는 일은 없어지셨지만 말수는 줄지 않으셨다. 칭찬도 해 주시기는 하지만 꼭 부정적인 말이 뒤따른다.

"고맙다. 수고했어. 근데 양이 너무 많은 거 아니냐." 이런 식이다.

'스승님이
읽으신다고
생각하렴'이
주는 교훈

"한 귀로 듣고 한 귀로 흘려버리면 되잖아."

다들 나에게 이렇게 조언한다. 나는 예전부터 그럴 수만 있다면 얼마나 편할까 생각하면서도 막상 그러지 못했다. 이를 두고 사람들은 '파더 콤플렉스'라 부르는 것 같다. 아버지를 몹시 좋아하는 파더 콤플렉스와는 다소 다르다. 아버지 말씀이 사사건건 마음에 들지 않아 괴로운 파더 콤플렉스다. 아버지에게 칭찬받고 싶은 욕구불만에 가득찬 파더 콤플렉스이기도 하다.

이 콤플렉스가 앞서 말했듯이 경제적 자립을 확보하더라도 정신적 자립이 힘들다고 생각하는 이유다. 그러나 이런 어그러진 관계도 곰곰이 생각해 보면 나쁜 면만 있는 것은 아니다.

글을 처음 쓰기 시작했을 무렵 아버지에게 주의를 받은 적이 있다.

"잘 들어라. 항상 시가 선생님이 읽으실지도 모른다고 생각하면서 글을 쓰거라."

시가 선생님이란 아버지의 스승이신 시가 나오야일본 근대문학을 대표하는 작가로 사실주의적 경향의 작품을 남김. 대표작으로 《암야행로》 등이 있음 씨를 말한다. 아버지가 그 말씀을 하셨을 때는 이미 시가 선생님이 돌아가신 후였다. 그래도 아버지는 시가 선생님이 보신다고 생각하며 적으라고 말씀하셨다. 글을 조금 쓸 줄 알게 되면 독자를 내려다볼 때가 오며, 그런 태도는 문장에 나타나고 만다. 그러나 '이 글을 내가 존경하는 스승님이 읽으시면 뭐라고 하실까?'라고 의식하면 저절로 글을 쓰는 자세가 달라진다. 비굴해지라는 뜻도 그저 자신을 낮추라는 뜻도 아니다. 표현의 방식이 달라지는 것이다. 그래서 항상 올려다보며 글을 쓰라고 말씀하셨다. 난 그 말을 듣고 깨달았다. 아버지에게 무서운 존재란 시가 선생님이구나.

나는 시가 선생님이 살아계실 때 글을 쓰기 시작한 것이 아니므로 직접 주의를 받을 기회가 없었다. 그러나 역시 글을 쓸 때 '무서운 존재'는 아버지를 필두로 전화 에피소드에서 소개했던 호랑이 편집장 오오쿠보 씨 등 몇 명이 있다. 젊은 여성이 대상인 잡지의 에세이를 쓸 때는 독자가 나보다 한참 어리다는 생각에 나도 모르게 방심하게 되지만 만약 아버지가 이 글을 보신다고 생각하면 또 혼나는 건 아닐까 싶어 가슴이 철렁 내려앉는다.

사람은 나이를 먹으면서 혼내 주는 어른을 하나둘씩 잃는다. 그리고 언젠가 아무도 자신을 혼내 주지 않을 때가 온다. 나는 그 순간을 맞이하기가 두렵다.

인간에게 두려움이 있기에 신앙이 존재하는 것은 아닐까. 특정 종교를 말하는 것이 아니다. 나는 굳이 말하자면 야오요로즈노카미八百万の神, 팔백만의 신이란 뜻으로 만물에 신이 있다고 믿는 일본 신앙를 좋아한다. 그리고 학창 시절 미션스쿨에 다닌 영향으로 기독교의 가르침도 섞여 있다. 여하튼 사람마다 자기가 좋아하는 종교가 있으리라.

"하느님이 보고 계시니까 나쁜 짓을 하면 안 돼."

"일을 대충대충 끝내면 조상님이 비웃으실 거야."

이모에게 어릴 때 자주 듣던 말이 있다.

"자꾸 떼쓰면 솔개가 채간다."

하늘 높이 맴돌던 솔개가 무척 무서웠던 기억이 남아 있다.

누구에게든 두려운 존재가 있다. 나는 이 두려운 존재가 어떻게든 자신을 제어해 준다고 믿는다. 아버지에게 혼나는 일은 성가시며 나에게도 반론하고픈 이유가 있다. 그러나 무섭고 성가신 존재가 있기 때문에 사람들에게 신뢰받으며 일을 계속할 수 있고 잔머리를 쓰거나 적당히 일을 때우고 싶을 때 자제심을 발동할 수 있는 것일 테다.

"아, 큰일이다. 아버지가 보시면 뭐라고 하실지 몰라."

앞에서도 말했지만 이젠 나보다 기력과 체력이 한참 떨어지신 아버지에게 전화가 걸려 올 때마다 나는 가슴이 쿵쾅거린다.

'또 혼날 만한 일을 했나?'

'가만, 아버지가 시키신 일 중에 잊어버린 게 있었나?'

'얼마 전 실린 원고의 일본어가 또 틀렸나.'

경제적으로 자립한 지 벌써 30년이란 세월이 흘렸는데도 나는 여전히 아버지가 무서운 걸까. 한심하게 느껴지기도 하지만 그런 조마조마한 마음이 있기 때문에 자만해지지는 않았는지 스스로에게 물어볼 수 있다. 그러니 경제적으로 자립했다고 해서 정신적 자립을 이루었다고 생각하면 큰 오산이다. 적어도 내 경우에는 말이다.

에피소드7

대처법을 터득?

며칠 전 한 지인이 아버지께 드리라며 직접 만든 누름초밥을 주었다. 아버지께 드리라고 해도 지금은 함께 살고 있지 않고, 일 때문에 부모님 집에 들를 시간이 없었다. 일부러 아버지를 위해서 만들어 주었는데 딸인 내가 함부로 먹어 버릴 수도 없다. 오래 두면 상할 텐데. 곤란해진 나는 고민 끝에 이튿날 아침 일찍 부모님 집으로 차를 몰았다.

"누름초밥을 주셔서 갖고 왔어요."

포장을 열어 아버지에게 보여 드렸다.

"먹을 사람도 없는데 그렇게 많이 가져오면 어떻게 하냐. 보기만 해도 배가 묵직하다."

바로 부정적인 반응이다.

"그래도 맛있어요. 그럼 세 개만 놓고 갈게요."

"세 개도 많아. 두 개로 충분해. 나머지는 네가 먹어라."

마치 민폐라는 듯한 아버지의 표정에 나는 할 수 없이 그 자리에서 한 개를 입에 넣었다.

"아, 맛있어!"라고 말한 뒤 두 개만 랩에 싸서 아버지 댁에 놓고 집으로 돌아왔다.

집에 도착해 한숨 돌리고 있는데 아버지에게 전화가 왔다.

'이번엔 또 뭘 잘못했지?'

나는 조심스럽게 전화를 받았다.

"그 누름초밥 말이다."

"네, 뭐 이상하셨어요?"

"아주 별미더구나."

무척 감동받은 목소리셨다. 아버지는 예전부터 식사할 때 "죽을 만큼 맛없다", "눈물이 날 정도로 맛있다."라고 말씀하시는 버릇이 있다.

'제가 맛있다고 했잖아요!'라고 말하고 싶은 충동을 간신히 누르며 대답했다.

"아, 그러세요? 좀 더 놓고 갈 걸 그랬나 봐요. 죄송해요. 다음에 다른 종류로 사서 갈게요."

상냥하게 말을 건네는 딸은 예순이라는 나이를 먹으면서 드디어 '무서운 존재'에게 여유롭게 대처할 방법을 조금이나마 터득한 것 같다.

3장

혼나는
각오

혼나는 힘

헤어짐을 직접
전하는 예의

어느 은행의 신입 사원 연수에서 강사를 맡았던 사람에게 들은 이야기다. 그녀는 연수생들을 대여섯 명씩 팀으로 묶어 두 시간가량 그룹 토론을 시킨 뒤 잠시 자리를 비웠다. 얼마 후 돌아오니 강당이 텅 비어 있었다.

"다들 어딜 간 거지?"

쉬는 시간이 아니었다. 알아보니 다들 각자 숙소에 돌아가 휴대전화 메신저로 토론을 하고 있었다고 한다.

"얼굴을 마주한 채로는 솔직히 얘기하지 못하는 것 같아요."

특수한 경우라고 생각했지만 꼭 그렇지도 않은가 보다. 국가 중앙 공무원의 연수 자리에서도 같은 현상이 있었다고 한다. 연수생 전원을 한곳에 모아 두면 아무래도 기관끼리 뭉치기 마련이라 일부러 다른 기관과 섞이게끔 그룹을 만들어 토론시켰다. 그러자 역시 각자 숙소에서 휴대전화 메신저로 토론을 하더란다.

이런 경향을 어떻게 이해해야 할까. 얼굴을 보며 다른 사람 앞에서 의견을 말하는 일이 두려운 것일까. 그 강사는 말했다.

"다른 사람이 엉뚱한 소리라며 무시하면 참기 힘들어 해요. 또 자신의 의견을 부정하는 것이 자신의 인격을 부정한 것 같아 충격이 심하다고 하더라고요."

그런 점에서 휴대전화 메신저라면 목소리나 표정에 신경 쓰지 않고 문자로만 의견을 나누기 때문에 냉정해질 수 있다. 게다가 다른 사람들의 의견이 어떻게 흘러가는지 보면서 끼어들 수 있다. 가만히 있어도 "뭐야, 저 녀석 왜 아무 말도 안 해?"라는 따가운 시선을 받지 않는다. 그렇게 메일이나 블로그, 휴대전화 메신저에서는 전혀 알지 못하는 사람과도 잘만 대화를 한다. 바로 그래서인지 얼굴을 마주보며 의견을 나누는 일이 곤혹스러운 모양이다.

요즘 인터넷을 구사하는 세대는 모르는 사람과 놀랄 만큼 자연스레 대화를 나눈다. 정보를 찾기 위해 인터넷을 검색하면 여기저기서 쏟아져 나온다.

> 수국에 대한 질문이에요. 두 종류가 있다고 하던데 뭐가 다른 거죠?
> – 냥코가

그 밑에 베스트 답변이 게재된다.

> 그건 말이죠…….
> – 박사가

모르는 내용을 누구에게 물으면 좋을지 고민하는 시대는 끝났다. 인터넷에 올리기만 하면 곧바로 누군가 대답해 준다. 이 시스템은 정말 잘 만들어졌다고 생각한다. 마치 친구처럼 몇 차례씩 대화가 오가는 경우도 있고 예의 바르게 감사 인사도 나눈다. 오히려 인터뷰어인 나보다 더 모르는 사람과 대화를 잘 나누는 모습에 감탄하고 만다. 단지 정보를 찾기 위해서만이 아니다.

> 오늘 아침 식사로 딸기를 곁들인 팬케이크를 만들었어요.

페이스북에 사진과 함께 코멘트가 적혀 있다. 그러면 밑으로 "맛있어 보여요! 저도 내일 만들어 볼래요."라는 답글이 올라온다.

친구 사이가 아니다. 친구가 되고 싶은 상대도 아니다. 모르는 사람과 교감하는 것이다. 공감을 얻기 위해 사진과 코멘트를 올리고 반응이 적으면 실망한다. 팔로우 수로 일희일비하는 심정이 나는 전혀 이해되지 않는다.

이런 식의 대화가 편한 이유 중 하나는 아마 이름을 밝히지 않아도 된다는 점이 아닐까 생각한다. 실명과 주소를 적지 않고 닉네임으로만 대화를 나누기 때문에 만약 문제가 생겨도 집까지 쫓아와서 추궁받거나 돌팔매질 당할 걱정이 없다. 마음에 들지 않으면 그 화면을 쳐다보지 않으면 된다. 간단히 전원을 끌 수도 있다. 그러니 헤어질 때 조마조마할 일도 없다.

이별에 대처하는 법

예전에는 남녀 관계뿐 아니라 많은 만남과 헤어짐에 손이 갔다. 만남은 불안감 속에 설렘도 있기에 그다지 심각하지 않게 넘어갈 수 있지만 헤어짐은 무척 어려웠다.

어느 날 갑자기 듣게 된 헤어지자는 말은 이만저만한 충격이 아니다. 그래도 직접 만나서 본인 입으로 듣는다면 최소한의 성의가 느껴진다. 그 자리에서 "이유가 뭔데?" 또는 "내 어디가 맘에 안 드는 거야?"와 같이 질문할 여지도 있다. 운 좋으면 이별 선언을 철회시킬 수도 있다. 최후의 몸부림으로도 돌이킬 수 없다는 것이 현실이라면, 울며 집으로 돌아와 아무것도 먹지 않고 울고 자고 누군가에게 위로받으며 잘 생각해 보니 대단한 남자가 아니었다는 생각이 들 때 비소로 기운을 차리는 법이다.

반대로 자신이 헤어지자는 말을 꺼낼 때는 더욱 어렵다. 전부터 사이가 삐걱거린다고 서로 인식하고 있다면 조금 낫겠지만 상대가 자신에게 한참 빠져있다면 그 충격이 얼마나 클지 짐작할 수도 없다. '언제 상대방을 불러내야 할까, 어떻게 전해야 할까, 그 자리에서 소란을 피우거나 성질을 부리면 어떡하지, 오늘은 그만두고 내일 말하자, 우선 편지를 쓸까.' 모든 방법을 강구해 실전에 나선다. 편지를 쓰더라도 직접 만나 자신의 입으로 확실히 말하는 것이 예의라고 선배들에게 주입받았다. 그 상황을 회피한다면 비겁자라는 소리를 들을 것이다. 떠날 때는 마지막을 깨끗이 해야 하는 법. 마음을 다잡을 수밖에 없었다.

젊었을 때 헤어지자는 말을 꺼내려고 카페로 나간 적이 있다. 주문한 커피가 다 식을 정도로 고개를 숙인 채 서로 아무 말도 없었다. 분위기는 점점 어색해졌다. 어떻게 전해야 할까. 어떤 말을 해야 이해해 줄까. 좋은 사람이지만 식성이 맞지 않다거나 웃음소리가 마음에 들지 않는다는 얘기는 입 밖으로 꺼낼 수 없다. 어떻게 해야 좋을지 고민하는 사이 콧물이 흘렀다. 감기 기운 때문이었다.

"알았어. 그러니까 울지 마."

훌쩍훌쩍 콧물을 들이키는 내 모습을 보고 내가 이별을 앞두고 슬퍼서 눈물을 흘리는 줄로 착각한 것이었다. 슬퍼서가 아니라 감기 때문이라고 말한다면 상대는 또 상처를 입을 테니 말할 수 없었다. 할 수 없이 상대방의 기대대로 나는 계속 훌쩍거렸다. 그 덕분에 나는 결정적인 대사를 하지 않고 헤어질 수 있었다. 오히려 위로까지 받았다.

"미안해."

"사과할 거 없어. 인연이 아니었을 뿐이야."

왜 이리 좋은 사람이지. 남자다운 사람이구나. 그렇다고 해도 다시 사귈 수 없는 노릇이니 그대로 좋게 헤어졌지만 그때는 참 쉽게 넘어갔다. 여자는 교활하다. 교활한 건 나인가?

이같이 이별이란 정말 귀찮은 작업이다. 그러나 다시 새로운 만남이 찾아오길 바라며 귀찮음을 감수하는 것이다.

'아, 또다시 시작이다.'

카페, 어색한 분위기, 식은 커피. 이 세 가지가 갖춰질 때마다 나는 마음속으로 중얼거렸다. 그렇다고 남녀 사이의 이별 경험이 풍부하다는 소리가 아니다. 남녀 사이의 이별만이 아니라 일도 포함이다.

어느 날, 에세이를 연재하던 잡지의 편집장이 나를 불렀다.

"만나서 드릴 말씀이 있는데 시간 괜찮으세요?"

그 전화를 받자마자 느낌이 왔다. 약속 장소로 나가 먼저 도착해서 인사를 건네는 편집장에게 말을 꺼냈다.

"혹시 저 잘린 건가요?"

"어떻게 아셨어요?"

편집장은 마치 즐거운 듯 웃음이 나오려는 걸 간신히 참으며 말했다.

"어떻게 몰라요. 편집장이 할 말이 있다면 대개 이런 거죠."

"감이 좋으시네요."

그런 것으로 칭찬받아도 곤란하다. 이미 내 마음은 크게 상처받았으니까. "혹시 잘린 거예요?" 하고 슬쩍 떠보면 "무슨 말씀이세요. 그럴 리 없어요." 하고 확실히 부정해 줄지도 모른다고 조금은 기대했었다. 그때는 내가 이별 이야기를 거들어 준 셈이다. 과연 편집장은 내게 고마웠을까?

최악의 경험을
척도로 삼는다

모두에게 이별 같은 불편하고 성가신 상황을 많이 겪으라고는 못하겠다. 나도 가능하면 성가신 일은 피하고 싶다. 그러나 살아 있으면 싫어도 닥쳐온다. 어릴 때나 신출내기 시절에는 부모나 주변 사람의 도움을 받으며 대처할 수 있지만, 언젠가 반드시 혼자서 맞서야 할 날이 온다. 그때의 대처법은 어떻게 터득할 수 있을까. 바로 경험이 큰 자산이다. 경험을 반복하면서, 이겨내는 방법을 배우고 최악의 사태를 피할 수 있게 된다. '그런 일을 겪고도 살아남았으니 다른 일들도 어떻게든 되겠지.' 하며 '최악의 경험'을 척도로 삼아 낙관적으로 삶을 예측할 수 있다. 그런 자세가 자신감과 침착함을 기르게 해 당황하지 않고 항상 냉정한 모습의 멋진 성인으로 성장하게 한다. 비록 나는 그렇게 못 됐지만 말이다.

"전쟁 때를 생각하면 이런 건 아무것도 아니야."

"내가 너만 했을 때는 먹을 것 하나 제대로 없었다."

전쟁을 경험한 아버지 세대는 무슨 일이 있을 때마다 이렇게 말씀하시며 전쟁 후에 태어난 우리들의 사치나 태평함에 눈살을 찌푸리신다. 평화로운 시대에 태어났으니 어쩔 수 없다고 마음속으로 항변하지만 틀린 말씀이 아니다. 지옥 같은 시대를 꿋꿋하게 살아 낸 조부모님, 부모님을 당해낼 수는 없다. 전쟁통에 죽음이 가까이 있던 시대에 비하면 지금은 훨씬 살 만하지 않나. 그 비극적인 경험을 자손들이 겪지 않도록 지켜 주었기에 평화도 유지되었고 눈부신 경제 성장도 이루었다.

이제는 '사치는 적이다', '아깝다', '나에게 칠난팔고七難八苦, 일곱 가지 고난과 여덟 가지 고통이라는 뜻으로 여러 가지 어려움을 이르는 말를 주소서'와 같은 말은 자주 듣지 못하게 되었고, 진심으로 입에 담는 사람도 거의 없다. 나는 원래 구두쇠라서 '아깝다.'라는 말은 자주 쓴다. 냉장고 안은 유통기한이 지난 것들 천지다. 혀로 상했는지 판단하면 그만이라고 믿기 때문에 가끔 배탈이 날 때도 있지만 큰 문제는 없다. 유통기한을 의식해 휙휙 버리면 오히려 죄의식에 사로잡히는 유형이다. '사치는 적이다.'는 부모님의 교육 덕에 간신히 몸에 익혔지만 이따금 '사치는 멋지다.'라고 생각할 때도 있다. 그러나 힘든 일이 닥쳤을 때 스스로를 더욱 단련하기 위해 '나에게 칠난팔고를 주소서.'라고 비는 일은 결코 없다. 나에게 힘들 때 위로가 되는 말이라면 '아침이 오지 않는 밤은 없다.'이다.

분명 옛날 사람들도 진심으로 '나에게 칠난팔고를 주소서.'라고 빌지는 않았으리라. 바라지 않아도 닥쳐오므로 고난을 어떻게 극복해야 좋을지 고민한 끝에 '힘들고 괴로운 경험을 해야 인간은 강해진다!'는 마음가짐을 생각해 냈을 것이다. 실제로 힘든 일을 겪어 본 사람은 강해지기 마련이다.

그러나 내심 피할 수 있다면 피하고 싶은 것이 인간의 마음이다. 편하고 자유롭게 인생을 살고 싶으며 귀찮은 일은 멀리 하고 싶다. 문명과 과학이 발전하면서 이런 인간들의 바람은 까다로운 일을 직접 겪지 않기 위해 만들어진 온갖 도구들로 실현됐다. 모르는 사람에게 전화를 걸지 않고 메일로 간단히 용건을 전달할 수 있고, 익숙지 않은 토론은 사람들 앞에 나서지 않고 자신의 방에서 해결할 수 있다. 사랑의 고백조차 일부러 전화 걸고 전철을 타고 상대를 불러 부끄러운 대사를 읊고 퇴짜 맞아 깊게 상처받지 않아도 될 방법이 있다. 덕분에 확실히 귀찮은 일을 피할 수 있게 되었다. 그러나 어른이 되어 사회에 나가면 여전히 '성가신 인간관계'가 기다리고 있다. 난생처음 얼굴에 대고 큰 소리로 야단맞기도 하고, 자신의 의견을 반대하거나 거부하는 사람도 만나게 된다. 금세 당황하고 예상 외로 크게 낙담하게 되지만, 이런 안 좋은 경험은 되도록 젊을 때 겪고 익숙해져야 훗날 편해지는 법이다.

"휴대전화 세대는 얼굴을 보며 '오늘 한잔 어때?' 하고 친구를 불러내지 않아요. 거절당하는 게 무서우니까요. '오늘 안 돼.'라는 대답만으로 자신을 거절한 기분이 든다고 하더라고요. 거절하는 것도 거절당하는 것도 싫은가 봐요."

은행에 근무하는 관리직 임원의 말이었다.

신문사의 한 기자는 부하 직원에게 취재 준비를 지시한 다음 조금 뒤 다시 물었다고 한다.

"취재 요청했지? 답변은 있고?"

그러자 부하 직원이 대답했다.

"메일을 보내긴 했는데……."

회신이 오지 않으면 전화를 해 봐야 한다는 생각이 들지 않는 건지.

"'그럼 전화를 걸어야지!' 하고 말하면 전화를 걸긴 하는데, 되도록 통화까지는 하지 않고 끝내려는 마음이 강한 거 같아요."

직접 부딪쳐 보는 일이 그렇게 싫은 것일까.

상대의 기분을 맞추는 예우

물론 메일의 장점은 있다. 우선 상대방의 시간을 빼앗지 않는다. 밤늦게 전화해 실례가 되거나 상대방이 바쁠 것 같아 방해가 된다 싶을 때 우선 메일로 용건을 전해 놓으면 상대가 편한 시간에 읽고 답할 수 있다. 또 우편보다 빨리 연락할 수 있다는 편리함도 부정할 수 없다. 나도 사실 편리하게 사용하고 있지만 메일만으로는 불안할 때가 있다. 빠른 만큼 좀처럼 대답이 없으면 오히려 불안감이 커진다. '제대로 송신됐을까, 메일을 열어 봤을까, 혹시 메일을 보지 못하는 외국에 간 걸까.' 금세 초조해져 결국 직접 이야기하는 편이 빠르겠다며 전화를 하고 만다.

복잡하고 까다로운 내용을 전해야 할 때도 나는 메일보다 전화를 사용한다. 사과나 부탁 등을 메일로 쓰다 보면 말의 미묘한 뉘앙스 때문에 오해를 살 위험이 있고, 무엇보다 그런 섬세한 표현을 고심하며 적는 일이 귀찮다는 물리적 이유도 있다. 게다가 사과나 부탁 같은 용건은 전화로 상대방의 목소리를 듣거나 또는 직접 만나서 상대방의 표정을 살피며 말할 때 더 잘 풀리는 경우가 많다.

　이 이야기는 《듣는 힘》에서도 언급했지만 일본인은 서양인처럼 확실히 자기 의견을 정한 후 말하는 것이 아니라 눈앞에 있는 상대방의 표정을 살피며 말을 선택하는 경향이 있다.

　"요미우리 자이언츠가 이기면 가슴이 후련⋯⋯." 여기까지 말했을 때 상대방 얼굴에 갑자기 화색이 돌면 "하죠." 하고 끝내면 된다. 만약 상대방의 표정이 어두워진다면 일본어의 구조 상 "하지 않죠."라고 곧바로 수정할 수 있다. '요미우리 자이언츠를 싫어하는구나.' 하고 재빨리 간파한 후 태도를 조절하면 상대방 기분을 해치지 않을 수 있다. 일본어나 한국어의 문법은 문장 끝에서 긍정, 부정이 결정된다. 한편 영어는 주어 바로 뒤에서 긍정 혹은 부정인지를 결정해야 한다. 자신의 의사를 먼저 정한 다음 목적어를 말하는 순서다. 일본어의 경우 대화의 흐름이나 분위기를 살피면서 마지막에 의사를 결정하면 된다. 자기 의견은 없냐는 의견도 있겠지만, 나는 상대방의 기분을 맞추는 태도가 반드시 나쁘다고는 생각하지 않는다. 오히려 자신보다 상대방의 심정이나 상황을 배려하는 각별한 예우라고 생각한다.

　메일로는 이러한 미묘한 조정이 어렵다.

　'지난번 회의에서 제 의견에 반론하셨는데 구체적으로 어떤 점이

문제였는지 알고 싶습니다. 회의 때 물어보려고 했으나 기회를 놓쳐 이렇게 연락드립니다.'

만약 이런 메일을 받았다면 어떤 기분이 드는가. 날카롭고 감정적인 인상을 받지 않는가. 싸움을 건다고 생각할 수도 있다. 그런데 이 말을 얼굴을 마주보며 들었다고 하자.

"저, 저번 회의 때 제 의견에 반대하셨는데 어떤 점이 문제였을까요? 그때 물어봤어야 했는데 시간이 없어서 물어보지 못했습니다. 혹시 괜찮으시면 말씀해 주지 않으실까 해서……."

취지는 메일과 별반 다르지 않지만 역시 상대방이 눈앞에 있으면 조금은 조심스런 말투가 되거나 단정적인 표현을 피하는 등 무의식적으로 상대방의 기분을 살피며 말하게 될 것이다. 처음부터 싸움할 작정이었다면 다르겠지만 실제로 상대방을 앞에 두고 일본인은 대개 단정을 피하고 조심스럽게 말하려는 습성이 있다. 단어 끝을 올려가며 말 중간중간 상대방에게 확인하거나 '-라든지요', '-같은 거요', '-하지 않을까 해서요'와 같은 모호한 어미 표현을 지나치게 많이 사용하는 것은 문제가 있다고 생각한다. 그러나 이런 표현도 되도록 정면으로 대립하고 싶지 않고, 가급적 풍파를 일으키고 싶지 않은 일본인의 본질에 잠재되어 있는 의식임이 틀림없다.

어디까지나 내 주관적 견해지만 메일로 용건을 전하거나 의견을 말할 때는 뉘앙스가 잘못 전달될 수도 있기 때문에 오히려 직접 말할 때보다 세심하게 주의를 기울여야 한다.

그래서 이모티콘을 사용하는 것일까.

'내일 왜 못 오는 거야?'만으로는 화난 인상을 줄지도 모르지만 '내일 왜 못 오는 거야?(T.T)'라고 하면 무척 아쉬워하는 마음을 전할 수 있다. 메일의 활자만으로는 전하기 힘든 세세한 기분을 우리는 이모티콘으로 보완한다. 다 큰 어른의 메일이 아이같이 활기차 보이는 것도 이런 이유였다는 사실을 최근에야 알게 되었다.

○ ● ○

혼나고 나서는 이메일에도 예의를 다할 수 있어야 한다

가정에서나 학교에서나 비교적 엄격한 환경에서 자라 온 우리들은 서양 사람들에 비해 혼난 경험이 많을 것입니다. 같은 아시아 지역이라서 그런지 아가와 씨가 어렸을 때 부모님에게 혼났던 경험들은 우리에게 익숙한 풍경이기도 합니다. 부모님 말씀에는 무조건 토를 달면 안 되고, 손들고 벌서기는 예사며 회초리로 맞기도 했죠. 어른이 되어서는 직장에서 업무적인 실수나 예의에 어긋난 행동 때문에 상사에게 호되게 혼나거나 시말

서를 작성하기도 합니다.

　그런데 이렇게 많은 시간, 여러 번 혼나 온 것에 비해 우리는 혼나는 일에 능숙하지 않습니다. 특히 혼나고 나서 어떻게 해야 좋을지 잘 모르고 있는 경우가 태반입니다. 더군다나 혼났다는 사실 때문에 자존심도 상하고, 혼낸 사람도 밉고, 자신의 감정을 잘 조절하지 못해서 감정이 격해지고, 우울해 하거나, 해야 할 일에 집중하기 어려워집니다. 그러다 보니 자신을 혼낸 리더는 물론 동료들에게도 먼저 인사를 하거나 말을 걸기가 쉽지 않죠. 직장에서는 더욱 그렇습니다. 선생님이나 부모님께 야단맞으면 보통 혼을 낸 사람들이 먼저 손을 내미는 편이지만, 직장에서는 혼을 낸 리더가 먼저 손 내밀지 않습니다. 리더라는 계급적 위치와 권위 때문이 아닙니다. 잘못한 것에 대한 회사의 일원으로서 책임을 지고 개선을 하는 동안 리더가 기다려주는 것입니다.

　그러한 리더의 의도를 모르는 많은 직원들은 혼을 내면 토라져서 리더와 말하고 싶어 하지 않습니다. 언젠가 여자 직원을 혼낸 적이 있는데 혼나고 나서 한동안 저와 말을 하지 않더군요. 연애할 때 싸우고 토라지면 한동안 말을 안 하듯이 행동하는 겁니다. 그래서 그 직원에게 리더와 연인관계처럼 행동할 것이 아니라, 공적인 일을 하는 사람으로서 프로의식을 가지고 일 중심으로 대해야 하는 관계를 명확히 인식시켜 주었습니다.

남자 직원도 마찬가지입니다. 삐쳐서 말을 하지 않는 경우도 있지만 리더에게 대드는 경우가 있습니다. 혼내는 과정에서 리더의 실수가 있다고 하더라도 꼬투리를 잡고 대드는 것은 결국 본인에게 좋지 않습니다. 혼을 내더라도 자신에게 관심을 가져 주고 같은 실수를 반복하지 않도록 코칭해 주는 리더가 있다는 것은 기쁜 일입니다. 성장하고 발전할 수 있는 기회가 있기 때문입니다.

리더는 결코 시간이 남아서 직원을 혼내는 것이 아닙니다. 혼내는 리더를 무조건 미워하기보다는 오히려 자신에게 관심을 갖고 발전할 수 있는 방법을 일러준다는 고마운 마음을 가져야 합니다. 그렇기 때문에 혼나고 나서 자신을 혼낸 리더에게 어떻게 행동을 하는가도 매우 중요한 문제가 됩니다. 저는 이것을 애프터 액션After Action이라고 합니다. 사람은 누구나 다른 사람에게 혼날 수 있지만 혼나고 나서 어떻게 행동하는가가 아주 중요합니다.

자신을 혼냈다고 해서 미워하거나 투명인간처럼 모르는 척하지 말아야 합니다. 리더도 혼을 낸 직후이기 때문에 티는 내지 않지만 신경이 쓰이기는 마찬가지입니다. 겉으로 보이는 행동뿐만 아니라 혼난 후 이메일 작성에도 예의를 다할 수 있어야 합니다. 기분이 나쁘다며 업무적으로 딱딱하게 할 말만 하고 끝내는 것이 아니라, 먼저 따뜻한 인사를 건네는 것이 좋습니다. 간단한 인사로 요즘 날씨가 점점 추워지는데 머플러를 챙기시라든지, 그때 따끔하게 말씀해 주신 조언들에 대해 어떻게 반성을 했고 그것이 현재 일을 하는 데 어떤 도움이 되고 있는지 등을 살짝 언급한다면, 자신의 말을 진중하게 듣고 행동을 개선하려는 직원을 미워할 리더는 아무도 없을 것입니다. 오히려 직원을 아주 높이 평가할 겁니다.

골프에서 배우는
인간관계 매너

나는 10년 전, 오십이 되고 처음 골프를 시작했다. 어릴 때부터 스포츠라면 가리지 않고 좋아해서 탁구, 테니스, 스키 등은 남들 하는 만큼의 실력을 갖추었다. 그러나 이런 스포츠에 비해 어쩐지 골프는 아저씨들의 놀이라는 이미지가 강했다. 게다가 돈이 많이 들 것 같고 달리지도 않는다. 나는 달리지 않는 스포츠는 스포츠가 아니라며 오랫동안 골프를 부정적으로 생각했다. 그러던 어느 날 출연 중이던 TV 프로그램의 동료가 골프를 치러 가자고 제안했다.

"방송 팀원끼리 시합하는데 아가와 씨도 같이 가요."

나는 골프를 쳐 본 적이 없어 사양했으나 몇 번이나 권하는 통에 결국 승낙하고 말았다.

드디어 골프장에 도착했지만 내 차례가 다가올수록 불안하고 초조해져 나는 티그라운드 옆의 나무 그늘에서 사전 스윙 연습을 했다. 홀로 묵묵히 휙 휙 휙.

"누구야! 다른 사람이 칠 순서에 시끄럽게 소리 내는 사람이?"

다른 사람이 칠 때는 하던 잡담도 멈추고 조용히 기다리는 것이 골프의 에티켓이라는 사실을 그때 처음 배웠다. 그리고 내 차례가 되었다.

"여러모로 폐를 끼치겠지만 잘 부탁합니다."

인사를 하자 옆에 있던 고단수인 골프 선배가 한마디 했다.

"몇 백 타를 치든 상관없어요. 대신 다음 플레이어한테는 신경 쓰세요. 뒷사람을 오랫동안 기다리게 하거나 난처하게 하지 않는 한 아무리 실수한다 한들 누구도 화내지 않아요."

"알겠습니다!"

가슴에 새기며 첫 타를 쳤다. 멀리 날아가진 못했지만 우선 맞췄다.

"우와! 맞았다. 다음은 누구죠?"

"아가와 씨에요."

"네? 또 저예요?"

공이 떨어진 곳으로 바삐 뛰어갔다. 심호흡을 하고 클럽을 올려 스윙. 어? 다시 한 번 스윙. 이상하네. 다시 한 번……

"스윙은 한 번만. 초보자니까 두 번은 봐줄게요."

"네!"

겨우 맞춘 후 앞으로 조금 나아갔다.

"다음은 누구예요?"

"아가와 씨요."

"네? 또요?"

그때는 홀에서 먼 순서대로 친다는 규칙조차 알지 못했다.

이렇게 조금씩 홀에 가까워져 갔지만, 내가 가장 시간을 소비한다는 사실은 확실했다. 뒷사람을 기다리게 하지 말라는 말을 지키기 위해서는 어디서 시간을 단축해야 할까. 치는 데 시간이 많이 걸린다면 치고 치는 사이를 줄일 수밖에 없다. 즉 '치고 냅다 달리기!'였다.

나는 오랫동안 골프에 대해 오해하고 있었다. 걷는 스포츠라 생각했는데 사실 달리는 스포츠였구나. 다른 사람들에게 피해를 주지 않기 위해 달리고 있으니 이번에는 "달리지 마세요!"라는 목소리가 날아왔다. 숨이 차면 집중할 수 없으니 침착하라는 뜻이었다. 그러나 뒤에서 기다리고 있지 않은가. 우여곡절 끝에 드디어 그린에 도달했다. 마지막 홀이다. 똑바로, 천천히, 얼굴을 들지 않는다. 배운 내용을 중얼대며 골프채를 흔드니 기적적으로 공이 들어갔다.

"야호, 들어갔다!"

기쁜 마음에 그 자리에서 깡충깡충 뛰다가 또 주의를 받았다.

"뛰지 마세요. 그린이 상하잖아요."

뛰지 마, 달리지 마, 달려, 떠들지 마 등 혼나기만 하는데도 왜 이리 즐거운 건지 스스로도 놀랄 정도였다. 그 후로 나는 골프에 푹 빠져 버렸다.

"아가와 씨가 이 정도로 골프에 빠질 줄은 몰랐어요."

골프를 같이 치러 가자고 했던 PD도 당황한 얼굴이었다. "다음에 또 같이 치러 와요."라고 모두 말해 주었지만 한동안 아무도 치러 가자는 말을 꺼내지 않았다. 그야 당연하다. 초보자를 돌보는 일은 힘든 법이니까. 그래도 괜찮다. 아무도 같이 치러 가자는 말을 꺼내지 않는다면 혼자서 연습장에 가면 된다. 자주 맞지는 않지만 그래도 몇십 타 중 한 발이 '탕!' 하고 시원한 소리를 낼 때는 모든 스트레스가 몸에서 빠져나와 공과 함께 날아가는 기분이 들었다. 그때는 내 인생이 연습장에서 끝나도 행복하리라 생각할 정도였다. 물론 지금은 다르지만 말이다.

사심
이용하기

"왜 그렇게 골프가 좋으세요?" 골프를 치지 않는 사람에게 자주 듣는다. 그 이야기를 하자면 이 책이 《골프의 힘》이 되어 버릴 것 같아 짧게 말하겠다. 일단 아무리 시간이 흘러도 '알 수 없기 때문'이다. 이따금 "알았다!" 하고 외칠 때가 있다. 이렇게 치면 되는구나. 간단하잖아. 드디어 깨달았다! 그러면 다음 그라운드에서 '지난번에 분명 이렇게 치면 됐었는데.' 하며 처음 시작했던 초보 때보다 더 엉망이 되고 만다. 골프를 시작한 지 10년, 그동안 나는 몇 백번이나 깨달음을 얻었는지 모른다.

'알았다!'가 다시 '모르겠다.'가 되는 것은 나뿐만이 아니다. 아무 고민 없을 것 같은 프로 골프 선수조차 '모르겠다.' 병에 빠진다. 골프의 신은 절대 만만치 않다. 이제 더는 배울 게 없다는 성취감에 계속 취해 있도록 놔두지 않는다. 18홀을 도는 내내 골프채가 내 마음대로 움직여주는 기적 같은 날은 쉽게 찾아오지 않는다. 그래서 골프를 그만두지 못하는 것인지 모르겠다. 그 영광의 한 타를 다시 한 번 맛보고자, 과거의 쾌감을 꿈꾸며 다시금 아침 일찍 일어나는 것이다.

늘 잘 치던 사람이 컨디션 난조에 빠지는 상황을 종종 본다. 골프 초보자인 내가 위로하기도 주제넘으니 대개 잠자코 지켜보지만 상대방이 낙담한 표정을 짓노라면 나도 모르게 입이 움직이고 만다.

"오늘은 평소보다 스윙이 좀 빠른 거 같아요."

대범하게 말을 꺼낸 후 곧바로 후회한다. 후회할 바엔 처음부터 말을 꺼내지 않으면 좋으련만 과묵하지 못한 나의 안 좋은 버릇이 나온다.

"말하지 않아도 알고 있어요!"

'주제넘게 참견한 탓에 조바심이 커졌겠지, 쓸데없는 소리 때문에 기분이 더 상했을 테고.' 그러나 이런 생각은 대부분 기우에 지나지 않는다.

"아, 그래요? 스윙이 빨랐구나."

열린 마음으로 초보사인 내 말을 귀담아 듣는 사람을 여럿 보았다. 사회적 지위가 높고 골프 실력이 출중하면서도, 자신보다 못한 사람의 충고를 순순히 받아들인다. 바로 인간성이 드러나는 순간이다. 나도 본받아야 할 텐데. 골프장에서 이런 사람을 보면 가슴이 뜨끔하다.

사실 나를 포함한 많은 골퍼들은 이러지 못한다. 자신의 컨디션이 나쁘면 바로 남 탓하기 바쁘다. 날씨 탓, 골프장 탓, 멤버 탓. 모두 자신의 잘못임을 알면서도 초조해하며 짜증낸다. 만약 누군가 주의를 주면 발끈하며 더욱 조바심을 낸다. 그러나 초조, 발끈하면서도 나는 당분간 골프를 그만두지 못할 것 같다. 인간으로서 조금이라도 성장하는 날까지 계속 치고 싶다. 분명 그 전에 세상을 떠날 것 같지만 말이다.

잘하고 싶다는 사심

나는 골프에 관해서는 대체로 겸손한 편이다. 겸손해지려고 하지 않아도 오십이 되어 시작한 골프다. 보는 것, 듣는 것 모두 인생에서 처음 경험해 보는 일들뿐이라 신선하다고 할까, 필사적이라고 할까.

"그린에서는 뛰지 마세요."라는 말을 처음 들었을 때 "네? 뛰면 안 되나요?" 하고 놀랐었다. 그린이란 골프장의 녹색 부분 전체를 가리키는 말이라고 생각했기 때문이다. 어디를 봐도 전부 그린이지 않은가. 깃대가 꽂혀 있는 둥근 부분만을 그린이라고 하다니 이상했다.

"넣으려고 하면 안 돼요."

퍼팅이 잘되지 않을 때 곧잘 듣던 말이다. 지금은 이해하지만 처음에는 무슨 뜻인지 몰랐다. '넣으려고 하면 안 된다고? 모두 넣으려고 하지 않나? 처음부터 넣으려고 하지 않으면 공은 아예 들어가지 않을 텐데. 넣기 위해 진지해지는 게 아닌가.' 최근에야 그 의미를 알게 되었다. 꼭 넣으려는 생각 때문에 몸의 축이 공쪽으로 움직이고 말아, 공 방향이 휘어진다는 뜻이었다.

그래도 인생의 반을 넘긴 나이에 처음부터 배우고 능숙해지기 위해 진지할 수 있다는 사실에 행복감을 느낀다. 게다가 꽤 잘한다고 느끼는 순간 바로 엉망이 되니 전부 솔직해질 수 있다. 후배의 말조차 귀중한 조언으로 받아들일 수 있는 것이다. 타인의 훈계나 조언에 귀를 기울일 수 있는 자세는 '잘하고 싶다.'는 사심이 있기 때문이다. 골프에서는 아무리 잘난 척하고 자신의 약점을 감추려 해도, 다섯 시간 정도 코스를 완주하면 전부 들통난다. 그리고 한 바퀴 돌 때마다 자신이 어리석은 인간임을 반성하게 되는 것도 골프의 신이 주는 큰 시련이다.

술도 마찬가지지만 책상 위 모습만으로는 사람을 알기 힘들다. 어떤 사람에 대해 좀 더 알고 싶다면 골프를 함께 치러 가면 어떨까. 만약 내가 젊었을 때부터 골프를 쳤다면 맞선은 항상 골프장에서 했을 것이다. 즐겁게 라운드를 끝내고 나면 판단하기 쉬웠으리라. 겉모습은 썩 신통치 않지만 같이 골프를 치다 보니 신사적이고 정직하며 잔꾀를 부리지 않는 남자라는 사실에 놀라게 되는 사람이 있다. 반대로 직장에서는 더할 나위 없이 멋진 사람이라고 생각했건만 막상 골프를 쳐 보니 사소한 일로 짜증내고 캐디에게 거만하게 굴어 실망하기도 한다. 중요한 상담이나 밀담을 할 때 구실을 만들어 골프를 치러 가는 이유가 항상 의아했지만 지금은 이해가 된다. 재미있게 한 바퀴 돌면서 상대방이 믿을 수 있는 사람인지 관찰하기에 골프는 안성맞춤이기 때문이다.

골프나 술처럼 자신도 모르게 본성이 드러나고 마는 놀이는 상대방을 관찰하기 위해, 자기 자신을 알기 위해 꼭 필요하다. 물밑 작전이란 의외로 중요하지 않을까.

혼나고 난 후 발전적인
리액션을 보여준다

무조건 "잘못했습니다."라는 사과는 사과도 아닐뿐더러, 혼내는 사람의 힘을 빼는 말이기도 합니다. 잘못했다는 말 한마디 듣고 싶어 귀한 시간을 쪼개 혼내는 리더는 거의 없습니다. 리더가 혼을 내는 이유는 직원의 언행이나 업무 방식이 잘못되었다는 것을 제대로 깨우치고, 앞으로는 그러한 행동을 반복하지 않도록 하는 데에 목적이 있습니다. 나아가서는 혼나는 기회를 통해 직원이 더 큰 성장을 하도록 원하는 것입니다.

그런데 왜 혼나는지도 모르면서 단지 혼나는 순간을 모면하고 싶어 잘못했다는 말만 남발한다면, 자신에게 성장의 기회가 되지 않습니다. 문제의 원인과 상황을 이해하고 진심으로 반성하고 있다고 제대로 된 용서를 구해야 합니다. 시간을 길게 끌지 말고 혼난 당일 저녁이나 그 다음날, 리더를 직접 찾아가거나 문자 또는 이메일로라도 이야기를 전하는 것이 좋습니다.

혼난 후, 리액션을 보이라는 말은 단순히 겉으로 드러난 행동만을 의미하는 것이 아닙니다. 스스로 더 배울 것이 많다는 사실을 인정하고 겸손해지라는 의미입니다. 혼난 것은 혼난 것으로 정리하고 다음 행동을 어떻게 할지 구체적으로, 발전적으로 보여줘야 합니다. 이를 악물고서라도 다음 날 바로 자료를 보완해서 발전된 모습을 보여 주든지 어떻게든 반복적인 꾸중이 리더의 입 밖으로 나오게 해서는 절대로 안 됩니다. 리더의 꾸지람을 나에게 피가 되고 살이 되는 것으로 받아들이고 내용을 되새기고 또 되새겨야 발전이 있습니다.

자신의 부족한 부분에 대해 진정성 있게 깨닫고, 배워야 할 점을 겸손하게 받아들이기 위해서는 '사심'이 필요합니다. 여기서 사심이란 좋은 의미의 개인적인 욕심을 뜻합니다. 아가와 씨가 골프에 대해 굳이 겸손해지려고 하지 않아도 타인의 훈계나 조언에 귀를 기울이는 자세는 "잘하고 싶다."는 사심이 있기 때문이라고 했습니다.

혼난 원인과 이유에 대해서 본인이 앞으로 더 잘해 보겠다는 사심을 가지고 있다면 리더의 꾸지람이 기분 나쁘기보다 고맙게 들릴 것이라는 의미로도 해석할 수 있습니다.

꾸지람은 최대한 빨리 업무에 적용해서 개선할 수 있도록 노력해야 합니다. 자신이 미처 생각지 못한 허점을 집어 주었으니 즉시 반영하면 제대로 된 성과를 낼 수 있을 것입니다.

막연하게 "잘못했습니다."라는 말로 용서를 구하는 일보다 더욱 중요한 것은 대안 제시입니다. 같은 실수를 반복하지 않

기 위해 앞으로 어떠한 계획을 세우고 있고, 어떻게 행동할 것
인지 구체적으로 이야기한다면 자신에게도, 리더에게도 지금
이 굉장히 귀한 시간이 될 것입니다.

기분 나쁜
표현

혼나거나 주의를 받을 때 이건 아니다 싶은 표현이 몇 개 있다. 예를 들어 '이런 부분을 고치면 좋겠습니다.'라는 취지로 이야기를 한다고 하자.

"다들 그러더라고요."라고 한 마디 붙이는 사람이 있다. '그래, 고치자!'라는 의욕이 생기기 전에 불끈 화부터 치밀어 오른다.

"다들 누구요? 누가 언제 어디서 말한 건데요?" 하고 되받아치고 싶지만 싸움이 될까봐 꾹꾹 참다 결국 집으로 돌아와 힘이 쭉 빠진다. 그 말을 한 사람과 나의 공통된 '다들'이 누구인지 지인 한 사람 한 사람의 얼굴을 떠올린다. 그러는 사이 '다들 날 싫어했구나.'라는 극단적인 결론에 도달하고 만다.

"과연 어떨는지요."

공식적인 자리나 비즈니스 상황에서 이 말을 사용하는 사람을 자주 보지만 어딘지 기분 나쁘게 들린다. 거드름 피우며 비난하는 어조인데다가 "확실히 잘못된 일이지만 과연 세상 사람들은 어떻게 생각할까요." 하고 상대방의 마음을 떠보며 비꼬는 냄새가 물씬 난다.

"한 번 탈당한 정치가를 인정하는 일이 과연 어떨는지."

어쩐지 으스대는 모양새다.

"한 번 탈당한 정치가를 인정하는 일은 옳지 않다고 생각합니다."

차라리 이렇게 말하는 게 좋지 않을까.

"다들 그러더라고요."도 "과연 어떨는지요."도 자신의 의견을 내세우지 않고, 무언의 대중을 아군으로 삼으려는 표현으로 들리는 점이야말로 나는 "과연 어떨는지요."라고 생각한다.

또 다른 비판 표현 중에 '어떨는지.' 하고 생각하는 말이 '너답지 않다.'이다. 젊었을 때 이 표현을 무척 많이 들었다. 들을 때마다 의문이 생겼다. 왜 의문이 들었는지 찬찬히 생각해 보니 그 발언자가 아가와답다고 생각하는 부분이 나의 어떤 행동과 말을 가리키는 것인지, 아가와답지 않다고 생각하는 부분은 어디를 가리키는 것인지 몰랐기 때문이다.

"혹시 나를 좀 더 착실한 사람이라고 생각했나?"

"혹시 나에게 이런 건 안 어울린다는 뜻인가?"

사람은 상대방에게 호의를 품을수록 자신이 좋아하는 방향으로 그 사람을 끌어당기고 싶어 한다. 막 사귀기 시작했을 무렵에는 서로에 대해 모르기 때문에 '이런 부분은 나와 비슷하네. 아, 이런 부분은 나와 다르구나.' 하며 객관적으로 해석할 여유가 있지만, 점점 거리가 가까워지면 자신이 마음에 드는 부분에 중점을 두고 받아들일 수 없는 부분은 아예 쳐다보지 않은 채 마음이 무척 잘 맞는다고 착각하기 시작한다. 그러던 어느 날 자신의 허용 범위를 넘은 행동을 상대방이 한다. 예컨대 단짝인 마루코가 불량해 보이는 친구들과 어울려 다니기 시작한다. '저런 친구들하고 밤늦게까지 놀다니, 괜찮을까. 예전에는 안 그랬는데.' 걱정된 나머지 마루코를 조용히 부른다.

"저런 아이들하고 친하게 지내다니 너답지 않아! 더는 같이 어울려 다니지 마."

친구로서 바람직한 충고일지 모르지만 '너답지 않다.'는 말을 들은 마루코는 뜻밖일 것이다.

"도대체 네가 나에 대해 얼마나 알고 있다고 생각하는 거야? 네가 불량해 보인다고 한 저 애들에 대해서도 전혀 알지 못하잖아. 같이 어울려 보니 다들 친구를 소중히 여기는 좋은 애들이야. 나는 저 애들하고 있을 때가 너랑 같이 얌전떨 때보다 훨씬 나답다고 생각해. 함부로 판단하지 마!"

청춘 영화 같은 전개로 흐리고 말았지만 결국 내가 말하고 싶은 내용은 다른 사람을 백 퍼센트 알기란 불가능하다는 사실이다. 자기 자신에 대해서도 알지 못하면서 남의 모든 점을 안다고 착각해서는 안 된다.

'그런 의외성이 있었네. 모범생같이 생겨서 의외로 대담하구나.'

이런 식으로 놀라는 것은 자유다. 만약 자신이 알지 못하는 위험한 세계로 빠져드는 친구가 걱정이라면 "조심해. 걱정되거든." 하고 자신의 마음을 솔직히 전하는 편이 좋다. '너답지 않다.'는 말은 상대에게 오만한 인상을 줄 수 있다. 너답다, 너답지 않다는 어차피 다른 사람은 알 수 없는 법이니까 말이다.

"네 인생을 생각해서 하는 말이야"

"다 너를 위해 하는 말이야."

이 말도 썩 마음에 들지 않는다. "다들 그러더라고요."나 "과연 어떨는지요."가 만인의 의사를 배경으로 삼으려는 평면적 전략이라면 '너를 위해서'라는 비유는 말하자면 시간차 공격이다.

"지금 네가 맘에 안 들어서 하는 말이 아니야. 앞으로 다 잘되라고 하는 말이지."

"네 인생을 생각해서 하는 말이야."

이른바 장기적 시야에 입각한 표현이다. '앞으로도 내 인생에 계속 관여할 생각이시군요.' 빈정거리고 싶은 마음마저 든다.

"이 일은 반드시 자네에게 이익이 될 거야."

"자네가 앞으로 살면서 절대 손해는 아닐 걸세."

나는 이런 식으로 설득당해 맡게 된 일로 이익을 본 적이 거의 없다. 처음부터 일을 할 때 일일이 '이 일이 나에게 이익이 될까.' 혹은 '이 일이 내 경력에 도움이 될까.'라는 생각을 하지 않는다. 그때의 분위기나 어쩔 수 없는 인간관계, 성가신 다른 일에서 도망치려는 반작용, 충동적 선택과 같은 불순한 동기로 선택할 뿐이다.

그러나 일단 맡은 이상 그만둘 수는 없다. 무조건 완수해야 한다. 현장에 가면 '나에게 이익이 될지.' 같은 미래지향적인 전망 따위를 할 여유가 없다. 우선 '당장 어떻게 대처해야 할까, 효율적으로 팀을 운영하려면 어떻게 해야 좋을까?'를 고민하며 허둥지둥하는 사이 일이 무사히 끝나고, 그 결과로 '이 일을 맡게 돼서 다행이다.'라고 생각할 때는 있다. 그 경험이 분명 다음 단계로 이어지기도 하고 그때 같이 일했던 동료와의 만남이 다음 일로 이어지기도 한다. 그러나 일을 시작하기 전에 오만한 야망을 품고 현장에 간다면 어떤 일이든 시시해질 거라고 생각한다.

"항상 그래"

좋지 않은 표현이라고 알고 있지만 나도 모르게 뱉고 마는 말이 있다.

"너는 항상 그래."

예전에 친하게 지내던 한 남성에게 이런 식으로 말했다가 혼쭐난 적이 있다.

"항상이라니요. 저한테 항상 그렇게 말하는데 사실 항상도 아니잖아요."

왜 이런 표현을 쓰고 싶어지는 것일까. 나에게는 상대방의 실수가 '항상'으로 보이지만 엄밀히 말하면 '항상'은 아니다. 사랑싸움에서 상투어로 자주 등장하지만 다른 사람을 나무랄 때도 이 버릇이 나오는 경우가 있다.

"자네는 중요한 날에 항상 지각을 하는구먼."

지각한 사람은 "죄송합니다." 하고 고개를 숙이면서도 얼굴이 뿌루퉁하다.

'지각한 건 잘못이지만 중요한 날마다 항상 지각하는 건 아니잖아요. 그렇게 몰아세우면 섭섭하다고요.'

항상을 붙인 탓에 순순히 사과하고 싶은 마음이 사라진다.

"자네, 이런 중요한 날에 지각하면 안 되네!"

단호하게 말해 주면 흔쾌히 사과할 마음이 생긴다. 나도 버릇을 고치려고 계속 주의하고 있다.

그러고 보니 우리 아버지도 이 표현을 곧잘 입에 올리셨다.

"운전만 하면 항상 빨간불에 걸리는구먼."

그럴 리 없지만 아버지 눈에는 그렇게 보이는 모양이었다.

"내가 화장실에 가려고 하면 항상 당신이 쓰고 있어. 큰 거야, 작은 거야? 한참 걸리나?"

어머니에게 자주 하시던 말이다. 우리 집 화장실은 아버지 서재 앞에 있어 문을 열면 공기압으로 서재 문이 윙 하며 흔들렸다. 아버지는 그 소리를 들으면 화장실에 가고 싶어지시는 모양이었지만 "내가 먼저 가고 싶었는데!"라고 주장하셨다. 어머니는 화장실에 갈 때마다 "또 화장실인가." 하며 아버지가 문을 두드리는 통에 그야말로 '항상' 곤혹스러운 표정을 지으셨다. 지금 보니 내가 상대방을 비난할 때 항상을 붙이는 이유가 유전인지도 모르겠다.

"내가 전화할 때마다 항상 통화 중이구나!"

밖에서 아버지가 집으로 전화를 거실 때 누군가 전화를 쓰고 있는 일이 많았다. 끊으면 바로 따르릉. 전화를 받으면 성난 아버지의 목소리가 들렸다. 우리 가족은 아버지가 집에 계실 때도 통화를 자제했지만 외출하셨다고 해서 마음 놓고 오랫동안 수다를 떨 수도 없었다.

예전 방송국에서 일했을 때 한 PD가 누군가에게 전화를 걸었다. 몇 번을 걸어도 좀처럼 연결이 되지 않았다. 통화 중을 알리는 뚜뚜뚜 소리를 듣고 수화기를 내려놓고 잠시 후 다시 건다. 그러면 다시 뚜뚜뚜.

"너무 통화가 기네요."

옆에 있던 나까지 조바심이 났다. 도대체 언제까지 통화할 작정이지. 드디어 몇 번의 시도 끝에 전화가 연결됐다.

"여보세요?"

오래 기다린 만큼 싫은 소리 한 마디라도 하겠지 싶어 나는 귀를 쫑긋 세웠다. 그러나 PD는 "참 통화가 기네요."나 "몇 번이나 걸었는지 모릅니다." 같은 소리는 한 마디도 하지 않고 "여보세요. 지금 통화 가능하세요? 어제 말씀드린 건으로 전화 드렸습니다." 하며 바로 용건으로 들어갔다.

나는 깜짝 놀랐다. 왜 이리 산뜻하지. 분명 나라면 짜증난 말투로 한 마디 했을 것이다.

"바로 답변 달라고 하셔서 계속 전화 드렸지만 연결되지 않아서 무슨 일인가 했습니다. 저도 이제 나가봐야 해서 길게는 말씀드리지 못하겠네요."

시간이 촉박하지 않아도 이 정도는 쏘아 주고 싶어질 것 같다. 그러나 PD는 그런 일은 안중에도 없는 모습이었다. 쓸데없이 싫은 소리를 해서 상대방 기분을 건드리기보다 업무 이야기가 먼저라는 듯 태연한 태도였다. 이것이야말로 일 잘하는 사람의 태도라며 나는 감탄하고 말았다.

"전에도 말씀드렸지만"

중요한 용건을 말하기 전 서두에 한마디 집어넣는 경우가 종종 있다.

"계속 말씀 중이셔서 늦어졌습니다만."

"전에도 말씀드렸지만."

"이미 이해하셨으리라 생각하지만."

겸손을 가장하며 넌지시 상대방을 무시하는 표현이다. 나는 이 말들을 곧잘 쓰고 싶어 한다.

지난번 이토이 시게사토유명 카피라이터. 〈이웃집 토토로〉, 〈센과 치히로의 행방불명〉 등 지브리스튜디오 대표작의 카피를 도맡아 씀 씨를 인터뷰할 때 그가 했던 말에 충격을 받았다.

"남자는 나이를 먹으면서 얼마나 묵묵히 지켜보느냐에 따라 승부가 갈리는 법이에요."

아, 묵묵히요? 금세 끼어들고 싶었지만 아무 말 없이 지켜보기로 했다. 조용히 있어야 더 좋은 결과가 나오리라 판단할 때는 묵묵히 기다려야 하는 법이다.

덧붙이자면 "전에도 말씀드렸지만."이라는 충언은 사실 나는 별로 사용하지 않고 내 비서가 나를 향해 자주 하는 말이다. 그도 그럴 것이 내가 "어? 마감이 내일이라고? 처음 듣는 소린데!", "일 끝나고 친목회라고? 포멀 파티? 차려 입고 가야 하는 건가?" 하며 소란 피우기 때문이다. 이때는 비아냥이 아닌 올바른 사용법이다. 그래서 나는 요새 겸손한 마음으로 설령 처음 듣는 말일지라도 서두를 붙이고 있다.

"전에도 물어봤던 것 같은데."

잘 혼나고 있다는 증거를
자세로써 보여 준다

아가와 씨가 이야기했듯이, 혼나는 입장에서 듣기에 매우 기분 나쁜 표현들이 있습니다. "(당신의 행동에 대해 나만 지적하는 것이 아니라) 다들 그러더라", "너답지 않다", 또는 "다른 사람들은 다 잘 하는데 왜 당신만 그래?", "정신을 어디에 두고 있는 거야?"와 같은 표현입니다. 이런 표현들은 상대에게 창피하다는 생각을 하게 하거나 모욕감을 들게 하기 십상입니다. 대개 이런 말을 들으면 자신의 행동을 돌이켜보고 반성하기보다는 말자체에 대해 화부터 치밀어 오릅니다.

그러나 상대방의 기분을 나쁘게 만드는 표현은 혼을 내는 사람에게만 적용되는 것은 아닙니다. 혼이 나는 사람도 기분 나쁜 표현을 하게 되는데 그것은 주로 태도나 자세입니다.

혼나는 자리에서 고개를 숙인 채 계속해서 시선을 회피하거나, 멍하니 한 방향을 응시하는 태도, 불쾌하다는 얼굴 표정 등은 혼내는 사람의 기분을 상하게 할 수 있습니다. 반대로 눈을 계속 똑바로 쳐다보고 있다면 그 또한 반항하는 것처럼 보일 겁니다.

태도 역시 대화의 한 부분입니다. 리더가 잘못한 점을 혼낼 때 직원은 그 이야기에 태도로써 응할 수 있어야 합니다. 다시 말해서 잘 혼나고 있다는 증거를 자세로 이야기해야 한다는 의미입니다.

무엇보다도 혼날 때 리더가 오해하지 않도록 표정, 눈빛, 말투, 행동에 세심한 신경을 써야 합니다. 질책을 들으며 고개를 두세 번 끄덕이다가, 중요한 이야기가 나오면 리더와 눈을 잠시 마주치며 고개를 끄덕이는 행동을 취하면 좋습니다. 그리고 간단하게 메모를 하는 것도 좋은 반응입니다.

보통 혼이 날 때에는 아무 말도 하지 못하고 듣고만 있어야 하는 경우가 많습니다. 그래서 혼나는 것을 대화라고 생각하기보다는 일방적으로 꾸짖음을 당한다고 생각합니다. 그러나 혼나는 자신의 태도가 모든 것을 대신 말해줍니다. 리더는 오랜 시간 다양한 사람들을 혼내 보고 혼나 보기도 했기 때문에 태도만 보고도 당신이 지금 반성을 하고 있는지, 빨리 이 시간이 지나가기를 간절히 바라고 있는지 쉽게 파악할 수 있습니다.

머릿속으로 핵심 내용과 키워드를 정리하며 듣는 것은 잘 혼나고 있다는 증거가 됩니다. 리더의 이야기가 끝나면 정리한 내용을, 자신이 혼나기 전 준비한 사항들과 함께 이야기합니다. '지적해 주신 사항뿐만 아니라, 제가 분석하기로는 이 부분 또한 문제가 있었다.'라고 혼내는 것이 당연하다는 태도를 보이는 등 잘못을 인정하는 자세만으로도 리더의 화가 많이 누그러질 것입니다.

애정으로
혼내 주는 사람

마흔이 넘어서였다. 세노 갓파일본의 대표적 무대미술가이자 칼럼니스트. 저서 《세노 갓파의 인도 스케치 여행》, 《작업실 탐닉》 등이 국내에도 출간 씨와 함께 튀김요리를 먹으러 간 적이 있다.

"우와, 이 새우 정말 맛있네요", "연근도 말랑말랑해요" 하며 정신 없이 먹고 있는데 세노 씨가 조용히 말했다.

"아가와 씨, 젓가락 쥐는 법을 바꿔 보는 게 좋을 것 같아요."

"네?"

"좀 더 위쪽을 잡아야 고상해 보여요."

그 말을 듣고서야 내가 젓가락의 가운데 부분을 쥐고 있다는 사실을 깨달았다. 조금이라도 음식에 가까이 가고 싶다는 한심한 내 마음이 드러난 것 같아 민망해졌다. 역시 세노 씨가 가르쳐 준 대로 쥐는 위치를 위쪽으로 옮겨 보니 게걸스러운 느낌이 사라졌다. 전부터 손가락 위치에는 문제가 없다고 생각했는데 설마 젓가락 쥐는 위치가 고상하지 않았을 줄이야. 마흔을 넘어 처음 알게 되었다.

세노 씨 덕분에 그 후 항상 젓가락 쥐는 법을 확인하는 버릇이 생겼다. 이 나이가 되어서도 누군가에게 지적받고 고칠 수 있는 점이 있다니 무척 기뻤다. 키워드는 '고상함'이었다. 만일 그때 "젓가락 위치가 그게 뭐예요!" 하고 무작정 혼났다면 흘려들었을지도 모른다. 그러나 나에게는 세노 씨의 '고상함'이라는 단어와 '젓가락 쥐는 법'에 '맛있는 튀김요리'가 한 묶음이 되어 강렬한 인상을 남겼다. 이런 식으로 주의를 받으면 아마 평생 잊지 못하리라. 나는 튀김요리를 먹을 때마다 그 날이 떠오른다.

"미인은 발을 질질 끌지 않아!"

이 말을 한 사람은 고등학교 때의 친구다. 동아리 활동을 마치고 녹초가 되어 집으로 돌아가던 중 친구가 외쳤다. 나는 움찔했다. 실제로 내가 발을 질질 끌며 걷고 있었기 때문이다. 그렇게 외친 친구라고 단정하게 걸고 있지는 않았다. 분명 부모님이나 다른 누군가에게 항상 들었던 말일 것이다. 자숙의 의미도 담아 주위 사람을 환기시킨 듯하다. 지금까지도 나에게 좋은 교훈으로 남아 있다.

상황은 생각보다 심각하지 않다

나는 중·고등학교 6년간 여학생만 있는 미션스쿨에 다녔다. 학창 시절, 딱히 공부를 좋아하지도 동아리 활동에 열심이지도 않았다. 그저 친구들과 웃고 떠드는 게 신났다. 물론 친구들과 서먹서먹할 때도 있었고 그 나이 나름의 고민이나 괴로움도 있었다. 그러나 친구들과의 시답지 않은 대화나 우스갯소리, 함께 선생님을 놀리는 장난이 그런 가라앉은 마음을 밝게 풀어 주었다.

"아, 싫어."

어느 날 방과 후 나는 학교 근처 보도를 걸으면서 중얼거렸다. 시험 성적은 형편없고 선생님에게는 혼나고 집에 돌아가면 무서운 아버지가 기다린다. 입시 준비도 이제 본격적으로 시작해야 하건만 도대체 입시 공부에 무슨 의미가 있을까 싶었다. 이런 생각을 하는 사이 점점 기분이 가라앉았다.

"아, 죽고 싶어."

말이 끝나기 무섭게 내 앞을 걷고 있던 친구 세 명이 동시에 뒤돌아보았다.

"그럼 죽지 그래?"

나는 놀라서 숨이 멎었다. '말이 너무 심하잖아. 못된 친구들 같으니.'라고 생각하면서도 웃음이 났다. 자지러지게 웃는 사이 기분이 저절로 풀렸다.

항상 이런 식이었다. 으레 아버지에게 혼난 뒤엔 친구에게 전화를 걸어 하소연했는데, 앞에서도 말했듯이 늦은 밤 아버지에게 들키지 않도록 소곤소곤 조용히 통화를 해야 했다. 우리 집에서 일어난 파란만장한 사건의 경위와 딸인 내가 얼마나 심한 대접을 받았으며, 이번에야말로 아버지와 인연을 끊을지도 모른다는 끔찍한 이야기를 이따금 울먹이기까지 하면서 구구절절 늘어놓았다. 그런데 "아", "응", "그래?" 하며 맞장구치며 듣던 친구가 이야기가 일단락되자 "내일 월요일인데 뭐 입고 갈 거야?"라고 물어 왔다.

"내 말을 듣고는 있던 거야? 그래. 어차피 남의 슬픔은 꿀맛일 테니. 네 일도 아니잖아."

"듣고 있었어. 듣고 있었지만 너희 집 싸움은 좀 특이하단 말이야. 아버지나 딸이나 너무 극단적이잖아. 하루 이틀도 아니고. 어차피 이삼 일 지나면 아무 일도 없다는 듯이 돌아올 텐데. 지금까지 만날 그랬잖아."

당사자와 달리 냉정하다. 맞는 말이었다. 친구가 말한 대로 며칠 후에는 웬일인지 평화가 찾아왔다. 친구는 어떻게 그 사실을 알았을까. 사실, 전화를 끊을 때면 나도 한결 마음이 가벼워졌었다.

학창 시절, 웃고 떠드는 일을 인생에서 가장 큰 즐거움으로 여기던 친구들과 만난 덕에 나의 모난 성격은 많이 매끄러워질 수 있었다. 물론 우리들이 모든 일에 항상 시시덕거렸던 것은 아니다. 늘 장난치고 시시덕거리다가도 소중한 친구가 진심으로 슬퍼하고 곤란해할 때는 금세 일치단결하여 곁에서 힘이 되어 주었다. 그러다가도 누군가 벌컥 화를 낸다든지 갑자기 잘난 척 하거나 혼자서 폼을 잡으면 "풋!" 하고 한 명이 터뜨리는 웃음소리에 맞춰 다 같이 장난치며 까불었다.

졸업 후에 친했던 고등학교 친구 예닐곱끼리 스키를 타러 간 적이 있다. 우리는 숙소에 도착해 각자 짐을 풀었다. 한 친구는 바로 텔레비전을 틀었고, 또 한 친구는 옷을 갈아입었고, 그 옆에서 다른 친구는 모두가 챙겨 온 간식을 한곳으로 모았다. 그때마다 불평이 쏟아졌다.

"거기에다 버리지 마. 간식 둘 거란 말이야."

"이 가방 좀 치워 봐. 방해되잖아."

"텔레비전 소리 좀 줄여. 보지 않을 거면 아예 꺼 버리든가."

"싫어. 방에 들어와서 텔레비전을 안 켜면 안정이 안 된단 말이야."

여행의 피로가 쌓인 탓인지 거리낌 없이 한마디씩 던지는 사이 말에 점점 가시가 돋았다.

"왜 그리 불만투성인 거야?"

"너야말로. 왜 성질부리는 거야?"

험악한 공기가 흐르기 시작하자 누군가 큰 소리로 외쳤다.

"왜 살찐 거야?"

우리는 곧바로 자지러졌다. "누가? 난 아니야!" 제각기 한마디씩 거들며 웃음은 한동안 멈추지 않았다.

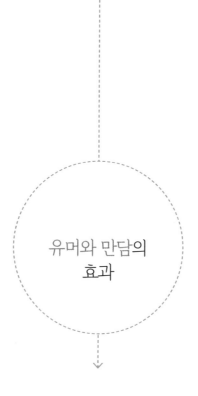

유머와 만담의
효과

　고등학교 졸업 후, 나는 그 학교를 다닐 수 있어서 정말 행복했다
고 생각했다. 가시 돋친 말을 내뱉으면서도 의외로 모두 싸움을 무서
워했다. 다들 소심하기 짝이 없었다. 어떻게 하면 심각한 다툼으로
번지지 않을까 머리를 굴렸고, 다급한 상황 속에서 떠오르는 것은 대
부분 우스꽝스러운 발언이었다. 그 한마디로 단번에 싸움이 정리되
었다. 웃으면 분노가 사그라들고 슬픈 감정도 무뎌지는 법이다.

　"농담이란 그런 힘을 지니고 있어요."

예전 한 소설가를 인터뷰했을 때 그가 했던 말이다. 그가 남쪽 섬나라로 여행 갔다가 일본으로 돌아오는 날, 파업 때문에 비행기가 뜰 수 없었다. 별 수 없이 승객 전원이 멀리 떨어진 다른 비행장으로 이동하게 되었다. 버스를 타고 몇 시간. 차내는 후텁지근했고 도로는 꽉 막혔다. 버스는 걷는 것보다 못한 속도로 달렸다. 이래서 다음 비행기에 탈 수 있을지 불안했다. 모두 슬슬 짜증이 났고 점점 말이 없어졌다. 그때 누군가 한마디 했다.

"이거 감상 여행이구만."

그러자 여기저기서 웃음소리가 들렸다. 그리고 버스 안에 가득했던 긴장감도 날아갔다.

"참고로 그 말을 한 사람이 바로 저예요."

그는 쑥스러워 하는 표정으로 익살스럽게 마지막을 장식하며 인터뷰어를 웃게 해 주었다.

험악한 분위기에서는 적당한 유머를!

우리 아버지는 딸의 학교에서 유행하던 스타일의 농담을 유쾌해하지 않으셨다. 전쟁 중 아버지가 소속되어 있던 해군의 정신은 유머를 소중히 여기는 것이었다고 한다. 항상 우리 남매에게 유머의 중요성을 가르치셨던 아버지가 웬일인지 딸의 농담은 인정하지 않으셨다.

"너희들은 그저 사람을 깔보면서 떠들고 까부는 거다."

그렇다면 해군들이 구사하는 유머란 무엇일까.

"재치가 있어야지. 쓸데없이 까부는 거랑은 다르다."

이런 생각을 지니신 아버지를 웃게 하는 데에는 의외로 만담이 효과적이었다. 그래서 나는 아버지와 어색해지려고 하면 만담을 써먹어 봐야겠다고 생각하고 있었다.

예를 들어 우리 집에서는 "어이."라는 짧은 한 마디로 아버지가 무엇을 원하시는지 파악해야 했다. 어느 날은 소금, 또 어떤 날은 간장, 때로는 술이 되기도 했다. 아버지가 술잔을 손에 들고 "어이."라고 말하시면 술을 따르라는 신호였다. 술병을 들고 술을 따르고는 있지만, 속으로는 하기 싫어 죽을 맛이었다. 기말시험은 코앞인 데다가 이미 나는 식사를 마쳤다. 얼른 설거지를 끝내고 방으로 돌아가 시험공부를 하고 싶었다. 슬슬 눈치를 보며 그릇을 하나씩 주방으로 옮기기 시작하자 아버지 목소리가 날아왔다.

"문 닫기 전 식당도 아니고 정신 사나우니 가만히 있어라."

"네."

참을성 있게 기다려야 했으나 빨리 해방되고 싶은 마음에 안절부

절못했다. 감이 좋으신 아버지는 나의 불만스러운 마음을 알아차리셨다.

"어이."

언짢은 말투로 나에게 잔을 내미셨다. 나는 "네." 하며 술병을 들고 술을 따르면서 연극조로 "궁둥이 들어, 궁둥이. 네 궁둥이 말고. 술병 궁둥이……. 맞죠?"라고 말했다.

금세 아버지는 웃음을 터뜨리셨다. 사실 이 대사는 만담의 한 대목이다. 〈낙타〉라는 만담 중 건달로 보이는 남자 앞에서 벌벌 떨던 상인이 남자가 주는 술을 한 잔 두 잔 받아 마시다 점점 취기가 올라 결국엔 건달과 관계가 역전되면서 나오는 대사다.

"술이 약하다더니 또 마실 작정인가?"

처음에는 억지로 술을 먹이던 건달이었지만 상인이 자꾸 술을 달라고 조르니 어이없어 하기 시작한다.

"시끄러워. 따르라면 따를 것이지 뭔 말이 많아."

"할 수 없는 양반이군. 자, 받게."

건달이 술병을 들자 소심한 상인이 "궁둥이 들어, 궁둥이. 네 궁둥이 말고." 하며 거칠게 나오는 장면이다. 그 대사를 아버지는 몹시 마음에 들어 하셨다. 술을 따를 때 내가 그 대사를 읊으면 "어째 좀 이상한데. 그 만담 제대로 들어 본 적 있나?" 하며 아버지 기분이 금세 좋아지셨고 나도 효과가 있다는 기쁨에 불만이 해소되었다.

어머니와 나는 20세기 대표 만담가 고콘테이 신쇼의 〈바뀔 때〉라는 만담의 한 대목도 자주 사용했다.

"어이, 달달한 것 좀 내오게."

어느 날 식사가 끝난 후 아버지가 후식을 내오라고 하셨지만 마땅한 간식이 없었다.

"아무것도 없네요."

"없다니. 요전번 ○○ 씨에게 받은 양갱은 어쩌고?"

"먹었지요."

"싹 먹어 버리는 녀석이군. 먹었다고 했어야지."

"다 먹었습니다."

"전부 먹었지요."

아버지와 어머니, 딸이 이런 식으로 주고받을 때 우리 집은 평화롭기 그지없었다. 분위기가 안 좋거나 점점 험악하게 흘러갈 때 적당한 유머가 최악의 상황에서 벗어나는 것을 도울 수 있다.

또 한 가지 떠올랐다. 예를 들어 상사가 어렵고 곤란한 일을 시켰다고 하자.

"미안하지만 지금 심부름 좀 부탁하네."

지금 이 시간에? 나도 당장 처리해야 할 급한 일이 있다. 이런 요구는 받아들이고 싶지 않다. '왜 하필 이럴 때 나한테 부탁하는 거지. 다른 사람한테 시키면 될 걸. 진짜 민폐잖아.'

투덜거리면서도 따르지 않을 수 없는 노릇이다. 이때 딱 어울리는 만담 대사가 있다.

"알겠어요. 갈게요. 간다고 죽는 것도 아니고. 자, 계속 용건을 말해 보세요. 나야 불행히도 튼튼하게 생겼으니."

〈침상〉이라는 만담의 한 장면을 흉내 낸 것이다. 여럿이 모여 사는 공동 가옥의 한 노인이 취미로 옛 이야기 읊는 것을 좋아해 이웃 사람들을 모아 발표회를 열기로 한다. 이웃 사람들은 노인의 형편없는 이야기를 들을 생각을 하니 심란해진다.

"어쩌죠. 아이가 열이 나서요. 아쉽지만 못 가겠네요."

"우리 집도요. 집사람 몸이 갑자기 안 좋아져서 가게를 제가 봐야 하거든요."

이래저래 모두 불참의 뜻을 전하자 노인은 기분이 점점 안 좋아진다. 결국 마지막 남은 사람에게 물어본다.

"어이, 자네는 어떤가. 무슨 사정이라도 있나?"

마지막 사람은 마음을 굳게 먹는다. 만약 아무도 가지 않는다면 나중에 무슨 해코지를 당할지 모른다.

"알겠어요. 들을게요. 듣는다고 죽는 것도 아니고. 자, 계속 해 보세요. 나야 불행히도 튼튼하게 생겼으니."

유머에 빗대 자신의 불만을 마음껏 발산할 수 있고 하기 싫은 일도
기분 좋게 맡을 수 있지 않을까.

성의껏
혼나기

부부 사이의 상담은 아무래도 서로를 힘들게 하는 것 같다. 예전, 내가 출연하는 TV 프로그램에 게스트로 나왔던 다카하마 마사노부 씨에게 들은 이야기다. 저학년 아이들의 '독서', '사고력', '야외 체험' 등의 학습에 주력하는 학원을 세운 다카하마 씨는 《남편은 개라고 생각해 보세요》국내에는 《도대체 남편은 아이를 위해 뭘 해야 하나》라는 제목으로 출간라는 대담한 제목의 책을 썼다. 학원에 다니는 아이들 중 기운이 없는 아이들의 원인을 찾다가 집필하게 되었다고 한다. 왜 아이들 어깨가 축 쳐져 있을까. 그는 아이들 어머니의 기분이 항상 저조하다는 공통점을 발견한다. 왜 어머니 기분이 저조한 것일까. 조사해 보니 남편이 이야기를 들어 주지 않기 때문이라는 새로운 공통점이 있었다. 아이들의 기운을 북돋우기 위해서는 남편이 아내의 이야기를 진지하게 들도록 만들면 된다는 결론에 이른다.

예를 들어 지친 몸으로 집에 돌아 온 남편에게 기다렸다는 듯이 아내가 다가간다.

"있잖아, 글쎄 옆집 여자가 말이야."

"나 지금 막 들어왔어."

"오늘 아침 쓰레기 버리러 갔더니 또 그런 거야."

"맥주 좀 줘."

"저번 주부터 계속 그런다니까. 쓰레기를 그렇게 버리면 위법이라고."

"내 티셔츠 빤 거야? 다시 입으려고 했는데."

"그렇게 버리면 다른 사람한테 피해잖아."

"정 싫으면 관리인에게 말해 봐."

"말했지. 효과가 전혀 없어."

"그럼 직접 옆집에 가서 말해. 쓰레기 그렇게 버리지 말라고."

"어떻게 말해! 당신은 왜 그리 무신경해. 그럼 당신이 가서 한마디

해 주고 와. 싫지? 자기도 못하면서 대충 말하지 마. 당신은 항상 그런다니까."

"항상이라니. 내가 뭘 항상이야? 그리고 왜 나한테 화를 내? 번지수가 틀리잖아."

이 대화에서 아내의 불만은 '남편이 이야기를 제대로 들어주지 않는다.'이다. 그러나 남편 입장에서는 제대로 듣고 있기 때문에 친절히 해결책도 제시하고 있는 것이건만 되레 싫은 소리를 듣는 상황이 이해되지 않는다.

남자라는 동물은 상대의 상담에 해결책을 제시하는 것이야말로 최대의 친절이라고 여기는 경향이 있지만, 여자라는 동물은 꼭 해결책을 바라지 않는다. 여자는 다정하게 이야기를 들어주기만 해도 속이 후련해진다. 나처럼 수차례 이야기를 되풀이하는 사이 머릿속이 정리되어 반성할 여유도 생긴다. 그런데 남자는 얼른 이야기를 끝내려는 마음에 냉큼 결론을 내려고 한다. 적어도 여자에게는 그렇게 느껴진다. 아내(나는 경험이 없지만)의 불만은 쌓여갈 뿐이다.

여기서 다카하마 씨는 남편에게 '앵무새처럼 따라 하기'를 권한다.

"있잖아, 글쎄 옆집 여자가 말이야."

"옆집 여자가?"

"오늘 아침 쓰레기 버리러 갔더니 또 그런 거야."

"또?"

"저번 주부터 계속 그런다니까. 쓰레기를 그렇게 버리면 위법이라고."

"위법이지."

"그렇게 버리면 다른 사람한테 피해잖아."

"피해지."

"그런데 말이야……."

아내의 이야기는 점점 리듬을 탄다. 남편이 흥미 있다는 듯 반응해 오기 때문이다. 사실 남편은 아내의 말끝을 반복하고 있을 뿐이다. 어쩌면 마음속으로는 '맥주를 마실까, 와인이 좋을까', '갈아입을 티셔츠 어디 갔지?', '우선 씻을까?'와 같이 딴생각을 하고 있을지 모른다. 그럼에도 제법 듣는 체는 가능하다. 성의 있는 것처럼 보인다는 것이다.

"그러나 매일 앵무새처럼 따라 하기밖에 못하면 아내도 의심하기 시작합니다. 그럼 여기서 상급편입니다."

다카하마 씨가 제안하는 상급편은 다음과 같다.

"있지, 나 3킬로그램이나 쪘어."

아내의 말에 대개 남편은 이렇게 반응한다.

"그러게, 너무 많이 먹더라니. 이 돼지야."

심통만 잔뜩 돋운다. 이때는 일단 참아야 한다.

"있지, 나 3킬로그램이나 쪘어."

"3킬로그램? 그렇게 안 보이는데."

"진짜로 작정하고 살 빼야겠어."

"다이어트하려고?"

"응, 달리기를 시작할까 생각 중이야."

"조깅 좋지."

그저 앵무새처럼 반복하는 것이 아니다. 단어를 영어로 바꿔 반복하는 것이다. 다카하마 씨는 이 방법으로 더욱 '성의를 가지고 아내의 말을 들어주는 남편'을 연기할 수 있다고 말한다.

혼날 때도 마찬가지다. 혼내는 사람은 얘기를 듣고 있는 사람이 제대로 이해를 한 건지 알 수 없다. 그럴 때 성의 있는 태도는 자신이 이 상황을 잘 이해하고 있다는 표현이며, 혼내는 사람의 화를 누그러뜨리는 데도 도움이 된다. 다른 사람의 아이디어를 여기서 소개해도 될지 모르겠으나 이 방법은 분명히 명안이다.

야단맞았을 때,
마음이
가라앉았을 때

나는 누군가에 싫은 소리를 듣거나 마음이 가라앉았을 때 어떻게 그 상황에서 벗어나느냐면 일단 잔다. 이상하게도 부정적인 감정이 생기면 옛날부터 졸음이 찾아오는 체질이었다. 남자 친구에게 차였던 대학교 시절에는 그야말로 엄청나게 잤었다. 아버지 눈을 피해 외출하는 척한 다음 방으로 들어와 끝도 없이 잤다. 독립생활을 시작한 후에도 직장에서 상사에게 혼나고 돌아와 밥도 거른 채 하루 종일 잔 적이 있다. 자도 자도 일어날 기력이 생기지 않았다. 그럼에도 꼭 일어나야 할 때가 찾아온다. 공복에도 한계가 오고 그보다 우선 전화가 울린다든지, 택배 기사가 찾아오기 때문이다. 드디어 침대에서 기어 나와 대화할 사람을 찾는다.

"무슨 일 있어? 목소리에 힘이 없잖아."

잘 물어 주었다.

"사실은 말이야……."

마음씨 좋은 친구는 얼추 내 괴로운 이야기가 마무리되자 "그럼 오늘은 푹 쉬어. 또 전화할게." 하며 끊는다.

그러자 또 다른 전화가 걸려 온다. "사실은 말이지……."

그러다 외출할 시간이 되어 옷을 갈아입고 밖으로 나간다.

"왜 그래요? 안색이 안 좋아요."

잘 물어 주었다. 나는 또 다시 내 사정을 풀어놓는다.

신세타령을 다섯 명 정도에게 되풀이하는 사이 점점 기운이 난다. 이상한 일이다. 그러나 같은 이야기를 다섯 번이나 반복한다고 생각해 보자. 설명도 능숙해지고 쓸데없는 말은 떨어져 나간다. 이야기하면서 머릿속이 정리되는 것이다. 그러면서 내가 무척 사소한 일로 마음 졸였다는 사실을 깨닫는다. 어쩌면 말로 내뱉는 물리적 행위는 건강의 원천일지 모르겠다. 어쨌든 내가 기력을 회복하면 이런 반응이 돌아온다.

"아니, 벌써 회복한 거야?"

상담해 준 상대가 할 말이 없어질 정도로 빠른 회복력을 자랑한다.

내가 상담할 상대를 고르냐 하면 그러지 않는다. 내 이야기를 들어 줄 것 같다 싶으면 처음 보는 사람이나 깊게 알아 온 사람이 아니어도 상관없고, 물론 친구나 가족도 상관없다. 오히려 상담 상대를 한 사람으로 압축하면 '내 얘기 좀 들어 주세요.' 하고 작정하며 말을 꺼냈을 때 '또 고민거리를 들어야 하는 건가. 나도 지금 바쁜데. 오랫동안 통화하고 싶지 않은데 어떻게 하지.' 하며 상대방은 경계할 것이다. 만약 내가 상담 받는 처지고 상대가 너무 자주 나에게 상담해 온다면 마음속 어딘가 경계할지 모른다. 그보다는 한 번밖에 상담하지 않을 상대가 더 친절하게 들어 줄 것이다. 한 번 정도라면 타인의 상담에 편하게 응해줄 수 있으니 말이다.

○ ● ○
혼남에 있어서 불필요한 마음을 먼저 정리한다

얼마 전 한 병원에서 직장인을 대상으로 '직장에서 받는 스트레스'에 관한 설문조사를 한 적이 있습니다. 그 결과 직장인의 14%는 상사가 자신의 이름만 불러도 스트레스가 상승한다고 응답했습니다. 어떻게 이러한 결과가 나오게 되었는지 궁금하기도 하고 한편으로는 안타깝게 들리기도 합니다.

상사가 자신의 이름만 불러도 스트레스를 받는다고 응답한 직장인들은 그들과의 사이가 나쁘지는 않더라도, 상사가 자신을 평가하고 있다는 생각에 존재 자체가 스트레스로 작용했을 가능성이 있습니다.

그러나 평소 사이가 좋지 않은 리더가 혼을 낸다고 해서, 자신의 잘못을 합리화하는 것은 바람직하지 않습니다. 잘못을 객관적으로 바라볼 줄 아는 관점과 태도가 필요합니다.

그동안 리더와 감정적인 일이 있었다면 마음을 잘 다스리고 정리하는 일이 필요합니다. 그렇지 않다면 자신도 모르게 본인이 저지른 잘못을 합리화하며 리더가 트집을 잡거나 꾸중한다고 착각할 수도 있습니다. 혼나는 시간을 꾸중 듣는 시간으로 만들어서는 안 될 것입니다.

발전을 위한 코칭을 받는 금과옥조金科玉條 같은 소중한 시간을 생산적인 기회로 만들 수 있는 역량이 필요합니다. 혼나기 전에 불필요한 감정들을 모두 지우고 리더와 대면해야 합니다. 그래야 자신에게 혼나는 시간을 제대로 된 성장의 기회로 만들 수 있습니다.

변명은
발전의 방해꾼

야단맞거나 마음이 가라앉았을 때의 해결책을 제시할 생각이었지만 이야기가 다소 샌 듯하다. 이왕 샌 김에 더 하자면 야쿠르트 스왈로스에서 야구 선수생활을 마감한 미야모토 신야전 프로 야구 선수이자 야구 해설가. 전설의 수비수로 불리며 41세로 최고령 일본 프로야구 골든글러브 수상기록을 수립 씨를 며칠 전 인터뷰했다. 미야모토 씨는 사회인 야구팀에서 드래프트 2순위로 노무라 가쓰야 감독이 이끄는 야쿠르트에 입단하여 프로 야구 선수가 되었다. 그러나 입단하자마자 감독에게 일류 선수의 보조 역할을 하라는 말을 듣고 이후 19년 동안 철저히 수비의 길을 걸으며 스타 선수에 대한 꿈을 단념했다고 한다. 분하지 않았냐고 물으니 프로 리그에서 주전 선수로 하루라도 더 감독에게 기용되려면 당연한 일이라 생각했다고 대답했다.

"노무라 감독님 정말로 무서우셨어요. 보통이 아니셨죠. 상대팀과 싸우는 것보다 벤치와 시합한다는 생각이 들 정도였으니까요. 여하튼 감독님에게 혼나지 않을 궁리만 했어요."

나의 신입 시절도 비슷했다. 나 역시 생방송 보도 프로그램에 출연하면서 카메라 너머의 시청자들에게 무엇을 전할지보다 바로 옆에 앉아 있는 선배에게 어떻게 하면 혼나지 않을까 하는 생각에 정신없었다.

"하루는 제가 홈런을 쳤어요. '칭찬해 주시겠지.' 하며 벤치로 돌아왔는데 감독님이 그러시더라고요."

"뭐라고 하셨는데요?"

"'어이, 착각하지 마.'라고요."

칭찬 한 마디 없이 다른 선수의 보조 역할을 묵묵히 해 온 미야모토 씨가 다른 구단의 젊은 선수들에게까지 존경받으며, 지도받고 싶은 선배 야구 선수가 된 배경에는 후배 지도방법에 관한 그만의 확실한 철학이 있었기 때문이다.

그중 한 가지 인상적인 말이 있었다.

'변명은 발전의 방해꾼'

자신이 생각해 낸 말이 아니라고 했지만 그럼에도 미야모토 씨는 이 말을 성실하게 실천하며, 예컨대 자신이 더 높은 위치에 있더라도 본인의 실수라고 확신할 때는 절대 변명하지 않고 순순히 사과한다고 했다.

"하지만……."

"그래도……."

"알고는 있지만 단지……."

자신도 모르게 변명이 입 밖으로 튀어나온다. 사실 변명이란 스스로 말하고 있을 때는 변명이라는 의식보다, 정확히 사실을 전달한다는 자신의 정당한 권리로 느낀다. 그러나 결국 이것 역시 변명에 불과하다.

변명을 한 번 내뱉을 때마다 발전이라는 계단에서 한 단계 내려간다. 회사의 승진 기준에 변명 항목을 집어넣는 것도 고려해 볼 만하다. 그럼 나는 변명을 늘어놓을 때마다 어떻게 해야 할까. 변명 한 마디에 골프 1회 금지? 그것만은 안 된다. 지금 나에게 유일한 즐거움이란 골프뿐이지 않은가. 월급이 깎이거나 저녁밥을 못 먹는 것보다 골프를 못 치는 쪽이 나에게는 훨씬 괴롭다.

리더가 호출하기 전에
먼저 문제 상황을 깨쳐라

실수했거나 문제를 일으킨 후에는 대부분 조만간 리더가 자신을 호출할 것이라는 감이 오기 마련입니다. 다시 말해서, 자신이 언제 혼이 날 지 대략적인 예측이 가능합니다. 그런데 자신이 곧 혼나게 될 것이라는 것을 아는 상황에서 가만히 넋 놓고 있거나 불안해 하기만 하면 아무런 도움이 되지 않습니다.

만약 아무런 준비 없이 리더에게 불려 가 리더가 왜 그렇게 행동했는지 이유를 물었을 때, 어물거리며 대답을 못하면 스스로 실수한 내용도 모른다고 판단하여 역량을 평가절하할 수도 있습니다. 게다가 그 기대치나 신뢰까지도 깨지기 쉽습니다.

그러나 리더가 질문을 했을 때 문제가 발생한 정황을 정확하게 꿰뚫고 있다면, 그렇게 행동한 이유에 대해 납득할만한 근거가 생기게 됩니다. 그렇기 때문에 혼나기 전에 미리 자신이 혼나야 하는 이유와 상황을 분석하고, 그 결과가 조직의 성과에 어떠한 영향을 미쳤는지 파악합니다. 앞으로 이러한 문제가 재발하지 않으려면 자신은 어떻게 행동해야 하는지 혹은 추가적으로 필요한 지원 요청 사항은 없는지 등 문제가 발생한 정황을 정리하는 것입니다.

또한 사전에 혼날 준비과정을 거치고 나면, 리더가 감정 섞인 말을 내뱉는다 하더라도 쉽게 동요하지 않을 수 있습니다. 혹시 리더가 감정에 휩싸여 조금은 모욕적인 어투로 생각을 쏟아내는 상황일지라도 혼나기 전에 미리 준비를 하고 꾸지람을 들으면 자신이 받아들이는 마음의 결과가 달라집니다. 준비하는 동안 자신의 잘못을 인정하며, 리더의 화풀이를 받아줄 수 있는 여유가 생기는 것입니다.

이렇게 되면 감정 섞인 충고 속에 앞으로 자신의 업무 개선을 도울 수 있는 충고를 필터링할 수 있는 역량도 생기기 마련입니다. 리더의 꾸중 속에서 도움이 될 수 있는 정보를 중요하게 들어야 합니다. 머릿속에 문제의 원인과 해결방안에 대한 큰 그림이 들어 있기 때문에 현재 자신에게 필요한 개선점이 무엇인지를 적확하게 바로바로 분석할 수 있을 것입니다.

약간 진지한
맺음말

희로애락喜怒哀樂

인간의 기본 감정을 일컫는 말이다. 이 말은 유교 경전인 사서四書

(《대학大學》·《중용中庸》·《논어論語》·《맹자孟子》) 가운데 《중용》에서 처음 나

왔다고 한다. 저자는 공자의 손자인 '자사子思'라는 설이 유력하지만 분

명치 않다.

《중용》의 제1장에 다음과 같은 구절이 나온다.

희노애락지미발 위지중喜怒哀樂之未發 謂之中

희로애락이라는 감정이 아직 나타나지 않은 상태를 중中이라 일컫는다.

희로애락이란 외부 세계의 자극 때문에 생기는 마음의 동요를 뜻하며, 외부 세계와 접촉하기 전 모든 사람은 한쪽으로 치우치지 않고 의연히 정중앙에 마음을 두었다. 이 상태를 일컬어 '중中'이라 한다.

발이개중절 위지화發而皆中節 謂之和

희로애락이 나타나 절도에 들어맞는 것을 화和라고 일컫는다.

희로애락의 감정이 싹튼 후에도 이 감정들을 절도 있게 다스리는 것을 '화和'라고 한다.

결국 인간은 감정적으로 치우치지 말고, 항상 중용으로 돌아가고자 하는 신념으로 만물을 대해야 한다는 교훈이라고 이해할 수 있다. 그러나 나는 여기서 또 다른 사실을 깨달았다. 이 말이 생긴 머나먼 2000여 년 전부터 사람들은 감정 조절을 힘들어했다는 것이다. 그렇게 생각하면 나 같은 사람이 고민해 봤자 해결될 문제가 아니라고 그만 실소가 터진다.

우리는 자라면서 감정을 조절하도록 교육받았다. 나도 평소 존경스러운 어른이란 무슨 일이 있어도 소란 피우지 않고, 허둥대지 않으며, 버럭 성을 내지 않고, 눈물을 흘리지 않는 사람이라고 믿고 있다. 그런 사람이 되고 싶다고 줄곧 바라 온 60여 년. 조금도 정진하지 않은 내 모습이 참으로 한심하다. 정진은커녕 퇴화되었다고 느낄 때도 있다. 사람은 나이를 먹으면 둥글둥글해진다는 말이 혹시 거짓말은 아닐까 싶을 정도다. 소란을 피우고 허둥대고 버럭 성을 내는 횟수는 나이와 함께 늘고, 게다가 최근에는 눈물샘 주변 근육이 노쇠한 탓인지 드라마의 예고편만 봐도 눈물이 주르륵 흐른다. 좀 더 태연해질 수 없는 것일까. 아무리 스스로를 타일러도 감정 조절이란 결코 쉬운 일이 아니다.

이런 나와 비교해 언제나 냉정하고 침착하며 과연 화를 내는 것인지 기뻐하는 것인지조차 가늠하기 힘든 젊은이들을 볼 때면 종종 위화감을 느낀다. 젊은 데도 무척이나 성숙한 모습에 요새 젊은이들은 반듯하고 제대로 자랐다는 생각도 든다. 이런 젊은이들에게 감탄하는 한편 세상에는 사건이 끊이지 않고, 가족이나 친구의 목숨을 아주 사소한 이유로 빼앗는 청소년들이 있다. 또한 젊은 층에서뿐만 아니라 스스로 목숨을 끊는 사람도 여전히 많다. 지하철에서 주위 사람들이 깜짝 놀랄 정도로 깔깔대며 큰 소리로 웃는 고등학생들이 있는가

하면, 울고 싶다고 극장을 찾는 풍조도 만연하다. 과연 이런 현상을 어떻게 받아들여야 하는 것일까. 사회 탓일까, 시대 탓일까 아니면 정치나 경제 탓일까. 이것들도 한 이유일 수 있지만, 나는 모두가 희로애락의 감정을 지나치게 억누른 탓이라고 생각한다. 평소 참은 만큼 무언가 특별한 상황이 닥치면 반동으로 감정이 폭발하는 것이다.

기쁨, 노여움, 슬픔, 즐거움.

나를 포함한 전후戰後 세대는 우리 윗세대의 보호 아래 전쟁같은 비참한 시대를 겪지 않고 자랄 수 있었다. 전쟁을 경험한 사람들은 그들의 자손이 하루하루 기쁘고 즐겁게 살아가길 바랐다. 화내거나 슬퍼하거나 두려워할 일들을 최대한 배제했으며, 그런 교육 아래 실제로 경제적으로도 윤택한 사회를 만들어 갔다. 그런데 전망 밝던 사회는 언제부터인가 빛을 잃어 갔고 대신 내일에 대한 보장이 없는 불확실한 시대가 찾아왔다. 아이의 부모며 사회의 중추를 담당할 세대의 대다수가 진심으로 노여워하거나 혹은 노여움을 사거나, 슬퍼하거나 혹은 슬프게 한 경험을 제대로 쌓지 못한 것은 아닐까. 그래서 이렇게 무언가 사태가 급변했을 때 마치 달걀 껍데기가 깨지듯 손쉽게 무너지고 마는 것이 아닌지.

희로애락. 네 가지 감정 중 '희喜'와 '락樂'이라는 달콤한 부분만 취하려는 태도야말로 중용과는 먼 길일 것이다. 인간은 '희喜', '락樂'뿐만 아니라 '노怒', '애哀'도 마음껏 발산해야 한다. 어릴 때부터 네 가지 감정을 조화롭게 드러내며 원 없이 울고 웃고 슬퍼하고 기뻐할 때 비로소 중용의 모습이 보일 테다.

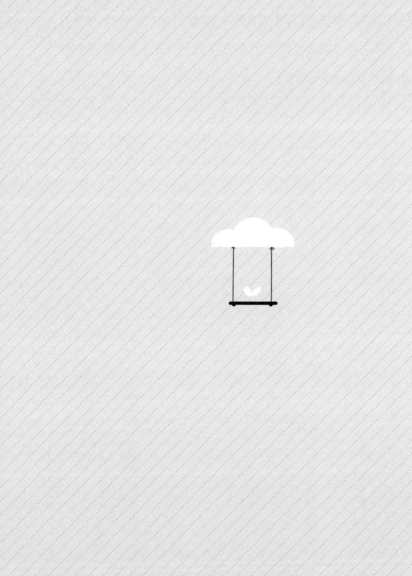